Cómo escuchar con intención:
La base de una conexión, comunicación y relación genuina

Por Patrick King
Asesor experto de la conversación e interacción social en

www.PatrickKingConsulting.com

Índice

CAPÍTULO 1. UNA BOCA, DOS OÍDOS — 7
- PERO ES QUE SON ABURRIDOS... — 37
- ¡LARGA VIDA A CONAN! — 45

CAPÍTULO 2. ESTILOS, MARCOS Y NIVELES — 59
- PERSONAS, EMOCIONES Y CORAZÓN — 63
- EL MARCO CORRECTO — 78
- LOS CINCO NIVELES DE ESCUCHA — 86

CAPÍTULO 3. LA ARDUA LABOR DEL OYENTE — 111
- LA ESCUCHA ACTIVA — 118
- LA REFLEXIÓN EMPÁTICA — 135

CAPÍTULO 4. RECONOCIENDO Y COMPRENDIENDO AL HABLANTE — 155
- COMENTARIOS INNECESARIOS — 158
- LA VALIDACIÓN — 167
- EMOCIONES A DOS PASOS — 173
- RESPUESTAS DE VALIDACIÓN — 183
- LOS SEIS PASOS DE LA VALIDACIÓN — 190

CAPÍTULO 5. LEER Y ANALIZAR — 211
- CÓMO SER UN GENIO EMOCIONAL — 212
- ¡ESO NO FUE LO QUE QUISE DECIR! — 234

RESUMEN — 255

Capítulo 1. Una boca, dos oídos

Imagínate a una persona que acude por primera vez al psicólogo o terapeuta, y piensa en el diálogo que dichos interlocutores entablarían durante la primera sesión. El cliente, desde luego, se siente un poco nervioso y expuesto, e intenta adaptarse a la situación; jamás había hecho algo similar, y no está muy seguro de cómo funciona el proceso. ¿Tendrá que acostarse en un diván y responder preguntas relacionadas a un supuesto complejo de Edipo? ¿Descubrirá algún evento traumático del pasado que su mente había bloqueado?

El individuo entra a la sala y el terapeuta le invita a sentarse. El cliente toma asiento, y, finalmente, el terapeuta lo exhorta a iniciar la conversación, diciendo: "De acuerdo, ¿qué lo ha traído a mi consulta?"

"Bueno, a decir verdad, es difícil de explicar", responde el cliente, quien comienza a explicar su deseo de usar la terapia como un lugar para crecer como persona, y no necesariamente para solucionar algún problema.

"Pues parece que no está muy seguro de lo que quiere lograr con la terapia", comenta el terapeuta.

El cliente comienza a preguntarse si está desperdiciando el tiempo del especialista.

"No, no es así. Simplemente… lo siento. No sé cómo funciona esto. Supongo que todos los días atiende a muchas personas con problemas *de verdad*…"

"¿Entonces no cree que sus problemas sean de verdad?"

"Um. Mmm. No me refería a eso. No es que no tenga… problemas, me refiero más bien a que quiero ser la mejor versión de mí mismo, ¿entiende?"

"No hay problema. No tiene de qué avergonzarse. Buscar ayuda para sus problemas no implica debilidad".

La sesión continúa, pero el cliente ya tomó una decisión durante los primeros dos minutos: jamás volver a la terapia. ¿Por qué? Para aquellos que saben escuchar, puede que el motivo resulte evidente: el terapeuta hizo un *pésimo* trabajo como oyente. ¿Lo notaste? Repasemos.

En primer lugar, el terapeuta *dice* lo que el cliente está sintiendo, sin consultar si la interpretación es correcta o si, para empezar, el cliente quería escucharla. Se realiza una serie de afirmaciones y conjeturas en lugar de una aceptación. El terapeuta tenía su propia versión de los hechos y había sacado sus propias conclusiones, probablemente incluso antes de que el paciente tomase asiento.

Qué frustrante. En lugar de descubrir lo que el cliente está experimentando, el terapeuta está imponiendo una idea preconcebida en la conversación, ignorando por completo lo que el cliente desea realmente de él.

Desafortunadamente, la mala comunicación y el no saber escuchar son problemas más comunes de lo que parecen, y muchas personas (quizá como nuestro terapeuta) ni siquiera llegarán a saber cuán ineficiente es su capacidad de escuchar, tanto para ellos como para sus interlocutores.

Este libro gira en torno a una habilidad que podría resultar *simple*, pero que, definitivamente, no es *fácil*. La capacidad de escuchar es una de las bases de la buena comunicación, la cual, a su vez, representa la base de cualquier conexión trascendental que puedas desarrollar con otro ser humano. En otras palabras, ¡aprender a escuchar es importante! Si incluso los terapeutas, quienes se encuentran capacitados para ello (y cuyo objetivo principal debería ser escuchar, asimilar y emitir una opinión de acuerdo a la información recolectada), no siempre dan en el clavo, ¿qué oportunidad podríamos tener nosotros? Pues, como siempre, aprender y obtener las habilidades necesarias son el primer paso, y eso es lo que este libro te proporcionará.

No saber escuchar con atención no significa que seas una mala persona. Desarrollar la autoconsciencia y entender la "metaconversación" son habilidades como cualquier otra, lo cual implica que pueden ser aprendidas y perfeccionadas, independientemente del individuo que tome la iniciativa de aprenderlas. Por desgracia, vivimos en un mundo donde las habilidades de escucha nunca son enseñadas de forma explícita, y cuando las personas tratan de mejorar sus habilidades comunicativas, suelen tener la noción equivocada de que necesitan ser oradores más persuasivos o mejorar su capacidad para el debate. De hecho, el no saber escuchar significa que eres bastante normal, pues nuestro instinto natural, en cierto modo, se inclina hacia el egoísmo. A pesar de ello, algunos somos buenos oyentes por naturaleza, pero la mayoría necesita hacer un poco de esfuerzo voluntario para desarrollar esta habilidad. Algunos solo tenemos talento *para* escuchar, pero somos pésimos para contar una historia en público o incluso para expresar nuestras emociones. Sin embargo, a diferencia de los rasgos biológicos como la altura o el color del cabello, la capacidad de escuchar es una cualidad sobre la que tienes control absoluto… a partir de ahora.

Saber escuchar no es un gesto caritativo y grandilocuente, ni una acción motivada por puro altruismo. Cuando realmente nos involucramos de forma atenta y considerada en el mundo de otra persona, *todos* salimos beneficiados, y no hacemos más que enriquecer nuestra propia perspectiva. Es el ejemplo prototípico de una situación donde se logra un beneficio mutuo, incluso a un nivel que va más allá de lo que te imaginas. Al menos, ese es el primer cambio de mentalidad importante que debes llevar a cabo para ser un mejor oyente.

EL EJEMPLO PERFECTO DE UN BENEFICIO MUTUO

Algunas de las piezas fundamentales para armar el rompecabezas que supone nuestro desarrollo como buen oyente, se encuentran en los consejos popularizados hace muchos años por Dale Carnegie y su famoso libro *Cómo ganar amigos e influir sobre las personas.*

En la actualidad, gran parte de sus consejos son tachados de sentido común, a pesar de que es precisamente gracias a *su* libro que hoy en día resulten tan obvios. Probablemente, uno de sus mejores consejos sea el de limitarse a permitir que la otra persona hable, o incluso alardee, sobre sí misma. Una de sus citas más celebres fue: "Puedes hacer más amigos en dos meses al interesarte en los demás de los que podrías hacer en dos años al intentar que los demás se interesen en ti".

Puede que tal afirmación se contradiga con todo lo que nos han enseñado o sintamos por instinto. ¿Acaso nuestro principal punto interés en una conversación no gira en torno a lo que *nosotros* decimos y sentimos, y si nuestro interlocutor *nos* está escuchando y entendiendo? Tenemos ideas preconcebidas tan arraigadas que nos llevan a asumir que la solución para mejorar las habilidades sociales se encuentra relacionada a lo que decimos o cómo lo decimos. ¿Y qué pasa con la parte de escuchar? Bueno, la mayoría de nosotros piensa que escuchar no es mucho más que una pausa conveniente para reflexionar sobre lo que diremos a continuación.

Sin embargo, escuchar siempre ha sido una herramienta más poderosa. Resulta que Carnegie tenía razón, incluso desde el punto de vista biológico. Un estudio realizado en el año 2012 por los neurocientíficos Diana Tamir y Jason Mitchell en la Universidad de Harvard, titulado "Revelar información personal trae beneficios intrínsecos", descubrió que nuestra necesidad de compartir información personal con otras personas es una de las características más fundamentales y poderosas del ser humano.

Las neuroimágenes han demostrado que compartir información personal provoca las mismas sensaciones en el cerebro que experimentamos al comer y al tener relaciones sexuales: dos acciones que estamos biológicamente obligados a realizar. Por lo tanto, parece que estamos biológicamente obligados a compartir y comunicar lo que pensamos.

Un método que los investigadores emplearon para determinar cuánto valoraban los participantes el poder hablar sobre sí mismos, fue ofrecer un pequeño incentivo monetario a cualquier individuo que decidiese responder preguntas sobre *otras* personas en lugar de preguntas personales. Algunas de las preguntas involucraban temas casuales como los pasatiempos y los gustos personales, mientras otras trataban rasgos de la personalidad como la inteligencia, curiosidad o agresividad.

Los investigadores descubrieron que muchos de los participantes estaban dispuestos a rechazar el dinero, prefiriendo la sensación gratificante de expresar los sentimientos en lugar de obtener un beneficio económico. De hecho, el participante promedio renunció a una cifra que oscilaba entre el 17 y 25 por ciento de las posibles ganancias con el único propósito de tener la oportunidad de revelar información personal.

Posteriormente, los investigadores usaron resonancia magnética funcional (RMf) para observar las partes del cerebro que más se estimulaban cuando los individuos hablaban sobre sí mismos. Nuevamente, encontraron una correlación entre expresar los sentimientos propios y la intensificación de la actividad en las regiones cerebrales pertenecientes al sistema mesolímbico de la dopamina, la misma región que se encuentra asociada a la sensación de satisfacción que nos genera la comida, el dinero y el sexo. Dicho incremento en la actividad cerebral ocurre incluso cuando hablamos sobre nosotros mismos sin que *nadie* nos escuche. Por supuesto, ocurre un efecto mucho más poderoso cuando ponemos en práctica nuestras habilidades para escuchar.

¿Qué nos dicen estas investigaciones? Pues, en primer lugar, que tener tendencia a hablar de ti mismo, en lugar de escuchar a los demás, no te hace una persona egoísta o vanidosa. Sin embargo, también sugiere que contamos con un magnífico método para ayudar a *otras personas* a tener la misma sensación gratificante y satisfactoria.

Obstáculos inconscientes

Si ser un buen oyente trae tantos beneficios, ¿por qué hay tan pocas personas diestras en ello? En lugar de pensar en términos de las habilidades o atributos que careces, mejor piensa en las barreras que te impiden escuchar con atención a los demás. Ni todas las habilidades y técnicas del mundo nos servirán de algo si seguimos teniendo ideas falsas, malos hábitos y flaquezas que nos impiden desarrollar empatía y una conexión verdadera. Sería como tener un bote y mucha destreza para la marinería, pero tenerle pavor al agua. Algunas cosas, sencillamente, eclipsan a otras.

Si estás leyendo este libro, felicidades; has dado un paso activo y voluntario para aprender a escuchar. Considéralo cuestión de ego o un mal hábito, pero a muchas personas les cuesta admitir que son pésimos para la conversación, o que escuchar a los demás no es su fuerte. Esta podría ser la mayor barrera de todas, pues nos impide ver los demás obstáculos que nos imposibilitan desarrollar nuestra atención y empatía al máximo. Procedamos a darle un vistazo más profundo a la naturaleza de algunas de las mencionadas barreras.

Piensa en aquellas personas que has conocido y te han demostrado lo mal que se les daba escuchar. ¿Qué te hizo sentir que no te estaban escuchando? Puede que el mayor problema sea la ***incapacidad de ver***

más allá de sí mismos y sus propias necesidades. Esto no significa que tengan necesidades de verdad, sino que simplemente se encuentran centrados en su propia persona y realidad.

Esto hace referencia al tipo de persona que inicia cada oración con "yo", que comienza a soltar una perorata al puro estilo de una celebridad en plena entrevista, o que monopoliza la conversación con el único de propósito de contarte con lujo de detalles todo lo que ha hecho, lo que le gusta, lo que no le gusta, su punto de vista, su pasado, bla, bla, bla…

Una buena conversación se asemeja a un partido de tenis, donde la atención se mueve de forma equitativa entre las dos partes involucradas, al igual que la pelota del mencionado deporte. Si nos encontramos con alguien incapaz de centrar su atención en algo que no sea en sí mismo, sería como jugar tenis con una persona incapaz de hacer un buen saque o devolver la pelota una vez haya pasado por encima de la red. De pronto, la conversación se convierte en un monólogo, un soliloquio o una lección dirigida a un estudiante reticente.

A simple vista, el denominado "narcisismo conversacional" podría parecer una conversación normal, pero tras un examen minucioso notaremos que, de hecho, ¡parecen dos personas soltando monólogos a corta distancia entre sí! En cierta forma, la buena conversación es un arte moribundo precisamente porque las personas se sienten más aisladas que nunca. Agrégale a este creciente fenómeno que el vivir dentro de un propio "filtro burbuja" resulta cada vez más común para las personas, de manera que solo pueden toparse con opiniones de su agrado y con el contenido de personas similares a ellos, y obtendrás la receta para el desastre conversacional.

Entonces, ¿por qué la conversación equitativa es un arte perdido? Debido a lo mucho que se añora la sensación de ser escuchados como se debe, las personas están desesperadas por recibir atención y estar en el centro de las miradas, haciendo que los demás les escuchen atentamente. La triste ironía es que este tipo de personas puede adoptar una actitud egoísta e incluso competitiva en una actividad que debería brindar un beneficio mutuo. A medida que estas personas hablan, alejan a su interlocutor, quien decide dejar de escuchar y, en lugar de ello, comienza a pensar cómo intervenir en la conversación y robar un poco de protagonismo.

Por consiguiente, el ciclo continúa y empeora incluso más con el paso del tiempo, movido por la sensación de no ser escuchados o de no recibir atención. Usar una conversación como plataforma para llamar la atención y alimentar el ego es, sin lugar a dudas, una estrategia condenada al fracaso. A decir verdad, mientras más abuses de las conversaciones para lograr tales fines, menores serán tus oportunidades de entablar buenas conversaciones con los demás, quienes probablemente se cansarán de cumplir un rol de audiencia involuntaria.

¿Alguna vez has tenido que esperar en silencio a que alguien termine de hablar, pensando durante todo el proceso en lo que dirás en cuanto tu interlocutor se calle? En ese caso, ¡es probable que también hayas incurrido en el narcisismo conversacional! El problema sigue radicando en la incapacidad de deshacerte por completo de tu monólogo interno y concentrarte en lo que tu interlocutor está pensando o diciendo. El resultado sigue siendo un duelo de monólogos, donde en realidad no hay conversación alguna; en lugar de ello, vemos a dos personas hablando *a pesar del* otro en lugar de *con* el otro.

Por lo tanto, el primer paso para mejorar tu habilidad como oyente es entender lo nociva que puede ser la necesidad de llamar la atención para tu habilidad conversacional. Esto requiere de una autoconsciencia plena y un poco de honestidad. Podemos reflexionar sobre cuáles son nuestras verdaderas intenciones y motivos para entablar una conversación, bien sea en general o con algún conocido en particular. ¿Estamos comunicándonos porque deseamos la validación que nos otorga la atención de nuestro interlocutor? ¿Porque deseamos sentir que tenemos la razón y que la otra persona se equivoca?

¿Percibimos la conversación como una batalla, un juego, o un baile? Quizá vemos la conversación como una oportunidad de resaltar nuestras cualidades o compartir nuestros intereses. Sin embargo, independientemente de los motivos, puede que notes que tus conversaciones suelen girar completamente en torno *a ti*... ¡y no piensas ni por un momento en tu interlocutor! ¿Cuántos de nosotros podemos afirmar con honestidad que nuestro objetivo es observar y entender a la otra persona, en lugar de hacer que nos observen y nos entiendan a nosotros?

La idea es evitar buscar ser el centro de atención en todo momento. Las conversaciones no deberían ser vistas como un vehículo para recibir atención, sino para *compartirla* de forma placentera con otra persona. El objetivo no es entablar una lucha territorial, sino cooperar con un aliado. El propósito es colaborar, no expresarse de forma individual. La meta es aprender, no enseñar, y así sucesivamente. En algunos casos, esto podría exigir la reorientación de nuestro objetivo al socializar.

Tras una conversación infructuosa, puede que las personas se sientan agotadas, aburridas e incluso más solas. Las buenas conversaciones, por el contrario, pueden ser algo hermoso, donde ambos participantes pueden crear entre ellos algo más grande que la mera suma de sus partes. Además, en la investigación mencionada anteriormente en este mismo capítulo, ¿recuerdas cuánto estaba dispuesta a pagar la gente para ser escuchada y expresar sus ideas? Esto se debe a que la sensación de ser reconocido, escuchado y respetado es muy valiosa. Con suerte, a medida que continúes leyendo el libro, llegarás a la conclusión de que infundir tal sentimiento en alguien más resulta igual de gratificante.

Saber escuchar implica una anulación temporal de nuestro ego y de nuestros intereses propios, permitiendo así, con todo el honor del mundo, que sea nuestro interlocutor quien se lleve el protagonismo.

Llegó la hora de desarrollar la autoconciencia y adoptar una actitud introspectiva. El sociólogo Charles Derber ha estudiado este fenómeno a profundidad, y opina que este tipo de narcisismo conversacional puede ocurrir incluso sin que las personas se percaten de ello. El primer impulso podría ser imaginar que los narcisistas conversaciones son los típicos charlatanes que dominan la conversación, pero en realidad es un fenómeno mucho más sutil. Resulta que la situación puede darse mediante una simple elección de palabras. Derber explicaba una serie de elementos que él mismo denominó como *respuestas de apoyo* y *respuestas de cambio*, y cómo estas pueden impregnar nuestro vocabulario cotidiano.

Derber explica lo que él considera como las "iniciativas" de una conversación, las cuales pueden ser *prestar atención* o *buscar atención*, pudiendo esta última ser dividida en activa o pasiva. Estos conceptos resultan similares a nuestra analogía sobre el tenis: en este deporte, siempre estamos devolviendo la pelota o recibiéndola del otro jugador, ejecutando así un intercambio. En el contexto de una conversación, lo que se mueve de un lado a otro es la percepción y la atención. Estas pueden alternar entre los interlocutores o ser acaparadas en un único lado de la conversación. Para efectos de este libro, puedes deducir hacia qué clase de conducta queremos orientarnos. Demos un vistazo a algunos ejemplos de cómo se aplican estos elementos en una conversación.

En primer lugar, observemos las respuestas de apoyo, cuyo nombre se explica por sí solo: palabras o acciones que apoyan la expresión del otro interlocutor. En su versión activa, orientada a prestar atención, una "respuesta de apoyo" mantiene la atención sobre el hablante y el tema que expone (por ejemplo, si realizamos una pregunta sobre dicho tema). Las respuestas de apoyo pueden tratarse de una simple validación ("Oh, ¿en serio?", "Ajá"), un apoyo positivo ("¡Genial!"), o una pregunta ("¿Y entonces qué dijiste?"). Puedes ver la historia de tu interlocutor como un globo que todos intentan mantener en el aire, correteando sin parar para tratar de darle impulso. Por ejemplo:

"Me encantan las películas francesas". Respuesta: ¿Cuál es tu favorita?

La respuesta anterior tiene el único propósito de mantener la atención y dedicación en el hablante original. La respuesta no aporta ningún tipo de información nueva, sino que incentiva el flujo de atención que ya se está desarrollando. Obviamente, esta acción puede lograr que las personas se sientan, pues, ¡apoyadas! Es una excelente forma de validar a tu interlocutor, hacerle saber que lo estás escuchando, y enviar el poderoso mensaje de que te importa lo que está diciendo y quieres escuchar más.

La "*respuesta de cambio*", por su parte, es una respuesta activa cuyo objetivo es desviar la atención hacia el otro participante de la conversación, es decir, hacia la persona que aplica la respuesta de cambio. Es un acto que consiste en tomar el foco de atención y apuntarlo en la dirección opuesta. Con una respuesta de cambio, el flujo de la atención y dedicación sufre un cambio repentino. ¿Qué ocurre cuando ves a dos personas compitiendo por ser el centro de atención y hablando uno por encima del otro? ¡Su diálogo está compuesto en su totalidad de respuestas agresivas de cambio!

"Me encantan las películas francesas". Respuesta: "¿Sí? Nunca me han interesado mucho las películas. De hecho, hace poco fui al cine y…"

Esto no quiere decir que las respuestas de cambio nunca seas adecuadas (dependiendo del contexto, podrían funcionar, sobre todo si tu interlocutor vuelve a recobrar la atención de forma sutil). En ocasiones, podría ser incluso necesario que utilices más respuestas de cambio para recibir un poco de atención o expresar tus sentimientos. Sin embargo, ¿con cuánta frecuencia las estás usando?

Las respuestas de cambio son excelentes para cambiar de tema o infundir algo de energía o ideas frescas en la conversación. Por otro lado, si tu único propósito es desviar la conversación existente a tu favor, de manera que puedas decir lo que quieras, es mejor que te abstengas de usarlas. Muchas personas se reúnen y entablan conversaciones de este tipo, donde cada una cuenta una anécdota personal distinta que inicia con una respuesta de cambio.

Si juntas a dos personas que no saben escuchar, y ambas insisten en usar respuestas de cambio, terminarán entablando una lucha por protagonismo en lugar de una conversación. Puede que ambas partes estén satisfaciendo la necesidad de expresarse, pero la de ser escuchados sigue sin ser atendida. Puede que no te percates de ello cuando estás involucrado en este tipo de contienda, pero a ojos de un tercero, este tipo de interacción puede resultar curiosa y confusa.

Además, si un mal conversador (alguien que no para de usar respuestas de cambio) se junta con un oyente muy empático (alguien que no para de usar respuestas de apoyo), puede que una de las partes sienta que está teniendo una buena charla porque su interlocutor no para de ofrecerle respuestas de apoyo, mientras dicho interlocutor, de hecho, quisiera que se lo tragase la tierra porque la conversación se está convirtiendo en una incómoda pseudolección sobre la vida y las creencias de la otra persona.

¿Y qué hay del narcisismo conversacional pasivo? Naturalmente, algunas personas siguen tomando muy en cuenta la etiqueta y convenciones sociales, y, por lo tanto, competirán por la atención de formas más sutiles. Una forma de hacer esto es evitando proporcionar respuestas de apoyo, esperando que el hilo de la otra persona llegue a su fin y así poder asumir el protagonismo. En este caso, se espera a que la otra persona se quede sin fuerzas para finalmente poder intervenir. Es como sentarse en un árbol a esperar que la presa se quede sin energía y vaya a dormir; sabes lo que ocurrirá tarde o temprano, así que esperas tu oportunidad de forma pasiva.

¿Has participado en una conversación donde tu interlocutor no ofrecía respuestas de apoyo, ni siquiera un simple "Oh, ¿en serio?" o un "Ajá"? No te sentiste del todo seguro de que hubiese asimilado tus palabras, y esta acción pudo haber sido intencional de su parte. Pudo haberse tratado de un caso de narcisismo conversacional pasivo. Es como dejar que el globo caiga al suelo. ¡No tienes que hacer mucho para que tu interlocutor sienta que su mensaje no ha "despegado"!

A la mayoría se nos enseña que las normas de cortesía incluyen evitar la divagación, esperar nuestro turno para hablar, hacer una pausa, y permitir que nuestro interlocutor participe. Por supuesto, este tipo de persona se ceñirá a las reglas básicas. Sin embargo, jamás incentivará a su interlocutor a que hable más, ¡y mucho menos a que interrumpa el turno del propio narcisista! La ausencia de respuestas (¡genuinas!) de su interlocutor puede causar que la otra persona no tarde en sentir que debe dejar de hablar, y es aquí cuando el narcisista conversacional vuelve a integrarse a la conversación.

Aunque resulte tentadora la idea de atrapar en el acto a un narcisista conversacional, es mucho más productivo aprender a notarlo en *ti mismo* y tener mucho cuidado. No tienes control sobre las acciones de los demás, pero sí sobre las tuyas y sobre tu habilidad como oyente. Después de todo, ese es el objetivo de este libro. En cuanto al otro propósito, puede que te convenga consultar un libro sobre persuasión o hipnosis.

La ironía radica en que, generalmente, son aquellos individuos que saben escuchar, dejar el ego a un lado y mostrar un interés genuino en su interlocutor a quienes consideramos personas de lo más interesantes, carismáticas y merecedoras de nuestra atención. Por lo tanto, el supuesto objetivo del narcisismo conversacional (*asegurarte por todos los medios de que las personas tengan información sobre ti*) ni siquiera se cumple. Ups. Por suerte, existen algunas pautas para enfrentar estos obstáculos inconscientes que, sin lugar a dudas, encontrarás en el proceso.

Busca un equilibrio entre las necesidades e intereses de ambos interlocutores

A tal fin, primero tienes que tener claro cuál es tu enfoque y hacia dónde se dirige. Presta atención a la distribución del tiempo al hablar. ¿Es solo una de las personas quien acapara la conversación? ¿Existe un intercambio? Esto requiere mucho más que limitarse a fingir estar interesado en la vida de otra persona; realmente necesitas olvidarte de ti mismo por un momento e involucrarte de lleno, y con toda honestidad, en el relato de tu interlocutor. Deja de pensar en lo que responderás, y presta atención a lo que tu interlocutor te está diciendo.

Esto implica no precipitarse a explicar o reformular lo que tu interlocutor ha dicho de manera que el tema vuelva a relacionarse contigo. Proporciona más respuestas de apoyo, y evita dirigir constantemente todos los temas hacia tu persona. Realiza preguntas para invitar a tu interlocutor a contar más. Si recibes la atención por un momento, disfrútala; pero no tardes en devolverla. Tal como nos enseñaron de niños: ¡Hay que compartir!

"Mientras te escuchaba, recordé una experiencia pasada donde todo resultó ser cuestión de ___. Esto me llevó a preguntarme, ¿en tu caso también fue cuestión de ___?". Una persona que proporcione este tipo de respuesta demuestra que está dispuesta a compartir la conversación, en lugar de monopolizarla.

Reflexiona sobre el ego, el poder, el control y la autoestima

Aquellos que se muestran más jactanciosos en una conversación, quienes acaparan la atención celosamente o hablan por encima de los demás, suelen ser quienes se sienten más inseguros de sí mismos. Su necesidad de controlar la conversación es producto de un afán de atención y aprobación. Si te das cuenta que estás utilizando las conversaciones como plataformas para alimentar tu ego, sentirte mejor sobre ti mismo o recibir atención o apoyo de los demás, puede que, para variar, te toque aprender a sentirte cómodo cediendo el protagonismo. Lo paradójico es que las personas que transmiten más simpatía y seguridad en sí mismas son las que no parecen realizar esfuerzos frenéticos para dominar la atención de los demás.

Sé equitativo

¿Tienes alguna idea involuntaria sobre el motivo que hay detrás de las conversaciones? Algunas personas hablan porque quieren un escenario donde puedan compartir su opinión, quieren "enseñar" su punto de vista, o simplemente demostrar superioridad de una forma u otra. Entiende *por qué* estás charlando. ¿Sientes una curiosidad genuina hacia el ser humano que tienes en frente? ¿Ya tienes una idea preconcebida de tu interlocutor, o solo lo ves como la audiencia para llevar a cabo tu plan secreto (del cual te rehúsas a desviarte), un oponente o un competidor?

Los buenos oyentes se concentran en el presente, y no se distraen con sus propias preocupaciones cuando se supone que su atención debería estar dirigida a alguien más. Intenta ver las conversaciones como una agradable oportunidad para dar y recibir, y para escuchar y expresar los sentimientos de ambos interlocutores en igual medida.

¿Suele ocurrir que tus interlocutores terminan sabiendo mucho de ti, pero tú no sabes mucho de ellos? Esto podría significar que el flujo de la conversación es, sin lugar a dudas, unilateral, y que estás monopolizando dicha conversación. ¿De verdad le haces preguntas a tu interlocutor?

¿Cuándo fue la última vez que hiciste cinco preguntas seguidas?

Todo esto nos lleva de regreso a la habilidad conversacional más importante: escuchar. Los buenos comunicadores suelen hablar *menos* que los malos comunicadores. Aunque podría suponer un golpe al ego, la verdad es que contar los mejores chistes o historias, ser el más interesante, o hablar más que los demás, no te hace un mejor conversador. Esto lo logras mostrándote amable, amigable e intrigado por lo interesante que son las *demás personas. El secreto radica en mostrarse más interesado que interesante*. Aprender, en lugar de enseñar. Escuchar, en lugar de hablar. Permitir que tu interlocutor se exprese, sabiendo que ambos tendrán la oportunidad de hacerlo. Establece una conexión en lugar de causar una impresión. Comparte o participa en una historia, en lugar de limitarte a contarla.

Pero es que son aburridos...

No, tú lo eres.

Puede que hayas leído las secciones anteriores y te hayas preguntado cuán realista es sentirse cautivado por las palabras de tu interlocutor. Sin lugar a dudas, ser el centro de tu atención puede hacerlo sentir bien, ¿pero qué ocurre si literalmente no estás sintiendo interés alguno hacia lo que dice?

Puede que dé un poco de vergüenza admitirlo, pero muchos de nosotros pensamos, en el fondo, que las demás personas no son muy interesantes, y que es difícil prestar atención a lo que dicen. Después de todo, ¿qué podría ser más interesante que todo lo que está aconteciendo en nuestras propias vidas, desde nuestra propia perspectiva? Al notar el esfuerzo que requiere escuchar la historia aparentemente tediosa de nuestro interlocutor, puede que nos sintamos tentados a evitar la molestia.

En ocasiones, nos hacemos una idea equivocada. A veces, es cuestión de expectativas poco realistas. Una conversación no necesariamente debe dejarte boquiabierto o con una enseñanza trascendental para que valga la pena participar en ella. Y, por supuesto, es normal no estar interesado en todas y cada una de las personas que conozcas; algunas personas despertarán tu curiosidad, otras no tanto. En última instancia, no es necesario fingirlo, o actuar de una forma que resulte agotadora o aburrida. Honestamente, es posible ser una persona cariñosa y amigable con buena vida social sin tener conversaciones extáticas con todo el mundo.

Sin embargo, es aquí donde las personas socialmente exitosas demuestran una comprensión más aguda que aquellos a quienes les fascina autodenominarse "introvertidos" o les encanta sentir que el resto del mundo es aburrido y no merece su tiempo. Tenemos que dar el beneficio de la duda a la gente. Después de todo, ¿crees que una persona promedio *te* consideraría interesante por el simple hecho de verte caminando por la calle? ¿O si te hablase por tres minutos en una fiesta? Seguro piensas que eres mucho más de lo que podrías expresar en una charla breve. Por lo tanto, recuerda que esta afirmación también aplica para los demás.

Ten un poco de fe, evita juzgar y, una vez más, limítate a escuchar. Deshazte de cualquier idea preconcebida sobre lo que define a una persona interesante. Algunas de las personas más fascinantes están ahí afuera, a tan solo unas preguntas incisivas de ser descubiertas. Mantente abierto a la posibilidad de que te demuestren lo contrario, a la posibilidad de que te sorprendan. Toma la decisión voluntaria de buscar lo positivo e interesante en los demás. Existe un viejo proverbio que afirma que "se puede aprender algo de cualquier persona", y es verdad. Piensa en las conversaciones como métodos para descubrir cuál es ese aprendizaje en cuestión.

Si decides en el acto que tu interlocutor es aburrido, es seguro que este opinará lo mismo de ti. Júzgalo de forma distinta, y te devolverá el favor. Usa esta herramienta a tu conveniencia.

Resulta descortés asumir que una persona es aburrida solo porque no te ha dejado boquiabierto tras un par de minutos, sobre todo cuando tú mismo podrías estar afectando con tus preguntas aburridas. Este acto en sí mismo podría ser un tanto narcisista: juzgar a los demás en términos de entretenimiento, en lugar de verlos como individuos por derecho propio. Cuando no conoces mucho a alguien, es difícil interesarte por los detalles banales de su vida, pero sí que te interesarías más si se tratase de alguien importante para ti.

No es que las personas sean aburridas, simplemente no las conoces lo suficiente para interesarte. La paradoja resulta evidente: solo puedes llegar a conocer a alguien si primero atraviesas la "aburrida" etapa de la charla trivial y desarrollas una conexión más íntima. La socialización es algo que se desarrolla a partir de sí misma. Inicia por ofrecer un gesto de buena voluntad hacia la otra persona. No sabes si tu interlocutor es interesante, y lo abordas con la esperanza de que tu inversión rinda sus frutos más adelante.

En otras palabras, algunas personas entablan una conversación esperando una recompensa inmediata, cuando en realidad lo más común es que primero se necesite invertir un poco y esperar pacientemente por una recompensa que podría tardar un tiempo.

No es necesario forzar las cosas. Tan solo mantén la mente abierta, muestra una actitud receptiva, y haz el intento (al menos por un tiempo). Incluso si no llegas a descubrir algún aspecto interesante en la conversación con tu interlocutor, aun así puedes llevarla con compasión y cortesía, y puede que aprendas algo sobre ti mismo en el proceso (cómo ser un mejor conversador, por ejemplo). Algunas personas necesitarán más de una conversación para sentir confianza. Contribuye a esto mediante el desarrollo de la confianza y el entendimiento, haciendo preguntas y escuchando atentamente las respuestas.

Podrías sorprenderte del resultado cuando tienes la expectativa de que encontrarás algo atractivo o fascinante. Las personas pueden tener pasatiempos inesperados, o aspectos más evidentes como las experiencias, habilidades, valores, etcétera, que podrían ser de tu interés aunque otros aspectos de su vida no lo sean tanto. No tengas miedo de presionar un poco y hacer preguntas que fomenten la intimidad.

Explora más allá de la superficie y pídele a tu interlocutor que exprese su opinión sobre ciertos temas. Siempre puedes revelar primero un poco de información personal para que tu interlocutor se sienta más cómodo. En este mismo orden de ideas, puede que a veces necesites "dar el primer paso" al tener una charla honesta. Brinda respuestas inesperadas, sé honesto y esfuérzate en mostrarte sincero y auténtico. Por lo general, las personas están más que dispuestas a responder del mismo modo.

Si *aún* no estás convencido de que alguien tenga un tema de conversación interesante para ti, puede que el problema sea no estar rodeado de las personas correctas. Puede que necesites buscar conversación con personas con las que tengas más en común que con tus colegas, compañeros de estudio o incluso familiares, quienes podrían tener mucha disponibilidad para conversar, pero que no necesariamente tienen afinidad contigo.

En ocasiones, abrir tus horizontes y expandir tus intereses hace que las demás personas te parezcan más interesantes. Aventúrate, arriésgate y evita tener ideas preconcebidas antes de intentarlo. No saber escuchar a los demás podría ser parte de un problema mucho más serio, como ansiedad social, baja autoestima, depresión, preocupación o inconformidad con la vida personal.

Una víctima de acoso o malos tratos podría adoptar un tono altivo y condescendiente como mecanismo de defensa, o como una forma de encubrir el hecho de que creen que son *los demás* quienes sienten rechazo hacia *ella*. Tal como hemos mencionado anteriormente, percibir a los demás como enemigos o rivales puede destruir la vida social de una persona.

Por último, sentir desinterés hacia los demás puede tratarse de una simple etapa de la vida, un período de inmadurez o el resultado de tener cierta o edad o vivir en cierto entorno. Generalmente, los más jóvenes pueden considerar que alguna actividad es inútil a menos que obtengan un beneficio personal de la misma. Se requiere experiencia y sabiduría para dejar a un lado dicho egoísmo y actuar en aras de una relación próspera con quienes te rodean.

¡Larga vida a Conan!

He descubierto que el mejor modelo a seguir para ser un buen oyente es el anfitrión de un programa de entrevistas: Jimmy Fallon, Jimmy Kimmel, Conan O'Brien, entre otros. Independientemente de quien sea tu favorito, todos se dedican a la misma actividad. Cuando tengas dificultades para definir qué es la curiosidad y cómo aprovecharla, tan solo pregúntate qué harían ellos en tu lugar. Conan O'Brien es mi favorito, así que reflexionemos sobre los rasgos que personifica al charlar con uno de sus invitados.

Visualiza el estudio. Conan cuenta con un espacio amplio y abierto, y está sentado en un escritorio. El invitado ocupa una silla adyacente a dicho escritorio, y, literalmente, los interlocutores parecieran existir en un mundo aparte. Cuando Conan tiene a un invitado en su programa, esta persona es el centro del universo durante los próximos diez minutos. Es la persona más interesante del mundo, todo lo que dice es fascinante, Conan tiene una curiosidad insaciable por las historias del invitado, y reacciona a todos sus comentarios con una carcajada o alguna otra reacción exagerada que el invitado buscaba lograr. Exhibe una positividad encantadora y siempre logra encontrar un giro humorístico en un aspecto negativo de la historia.

Su único propósito es hacer que el invitado se sienta cómodo en el programa, incentivarlo a que hable de sí mismo y, por último, hacer que se sienta bien y cause una buena impresión al público. A cambio, el invitado comparte información que de otra forma podría no revelar, y se crea una conexión y química que resulta fundamental para un programa de entrevistas. Los televidentes están desesperados por saber más del famoso invitado, así que Conan actúa como el representante de dicha curiosidad. Además, los televidentes notan en el acto cuando alguno de los participantes está desinteresado o fingiendo, así que, literalmente, el trabajo de Conan depende de su habilidad para usar la curiosidad como forma de conectarse a un nivel más íntimo.

Incluso con el invitado más reservado o malhumorado, Conan es capaz de mejorar la actitud y energía del mismo con una acción tan simple como mostrar un interés intenso en él (mostrando una energía ligeramente superior a la del invitado) e incentivándolo mediante reacciones que estén a la altura de las expectativas del interlocutor. Es como si participase en el juego "¿Qué tan poco puedo decir para sacar el máximo partido a las personas?"

Por supuesto, en tu vida, esto aplica para aquellas personas que suponen un verdadero desafío al entablar una conversación. Un poco de motivación o afirmación amistosa puede abrir hasta la más grande las cerraduras. La abundancia de preguntas, mantener la conversación en torno a ellos y demostrar un auténtico interés también resulta fundamental. Imagina la sensación de alivio que puedes transmitir en uno de esos temidos eventos de negocios. A la gente le agrada que la simpatía sea recíproca, así que cuando reaccionas de la manera que ellos esperan, esto los incentiva a ser más extrovertidos y abiertos contigo.

Otro anfitrión de un programa de entrevistas llegó a declarar cuánto lamentaba la frecuencia con la que sentía animosidad hacia sus invitados y cuán aburridos le resultaban los actores y actrices con los que se veía obligado a conversar. Sin embargo, esto demuestra lo mucho que había entrenado su hábito de sentir curiosidad. Su primer paso fue tomar la decisión voluntaria de sentir curiosidad, desarrolló el hábito, y abordó a sus invitados con facilidad; ¿crees que los invitados llegaron a descubrir si el anfitrión estaba interesado de verdad o no? Jamás.

La curiosidad permite que las personas se sientan lo suficientemente cómodas para hablar con libertad más allá de lo superficial, pues estás demostrando que te interesas y que les prestarás atención si se sinceran. Después de todo, las personas mostrarán renuencia a revelar sus pensamientos más profundos si creen que serán recibidos con apatía. Por lo tanto, incluso si tienes que fingir hasta lograrlo, Conan O'Brien debería ser tu modelo a seguir en términos de mentalidad y actitud.

En caso de que la curiosidad de O'Brien no te salga de forma natural, he aquí una serie de patrones de pensamiento más específicos que puedes usar para mejorar tus habilidades sociales.

Me pregunto, ¿cómo es esta persona? Cuando comienzas a preguntarte cómo es la otra persona, tu perspectiva cambia por completo. Este es un indicio de curiosidad. Comienzas a interesarte en ella, no solo en sus características superficiales, como la profesión o cómo va el día, sino lo que la motiva y la hace actuar de la forma en que lo hace.

Sentir curiosidad hacia tu interlocutor es una de las actitudes más poderosas que puedes adoptar, pues te hace querer saciar dicho interés. Saciar tu curiosidad será la prioridad, pues tu único deseo será conocer más a fondo a tu interlocutor.

Supongamos que, en tu infancia, sentías curiosidad por la computación. Probablemente, resultaba irritante el montón de preguntas que le hacías a cualquiera que pareciese tener un mínimo conocimiento sobre la computación. Hoy en día, siendo adulto, ¿cuánta atención le dedicarías a la computación, y qué clase de preguntas harías? Omitirías las típicas preguntas triviales de una entrevista e irías directo a los detalles, pues es lo que despierta tu interés y curiosidad.

Mantener viva la curiosidad cambiará la forma en que interactúas con los demás de forma radical, pues de pronto comenzarás a sentir interés, y, en la mayoría de los casos, ni siquiera nos percatamos de que no sentimos interés hacia nuestro interlocutor. Profundizarás más y más hasta que puedas armar una imagen de aquello que despertó tu curiosidad.

¿Qué pueden enseñarme? No interpretes esto como un intento de obtener algún beneficio de la otra persona. En lugar de ello, mira a los demás como personas dignas de tu atención. Todos poseen conocimiento valioso, independientemente de que este guarde relación con tu vida o no. Todos tenemos talento para algo, y cada quien es experto en un área que tú desconoces, independientemente de lo corto o desconocido que sea el tema en cuestión.

La idea principal es despertar interés hacia la otra persona, en lugar de aplicar un enfoque apático. Imagina que eres un entusiasta del esquí y conoces a un antiguo esquiador profesional. Puede que incluso, en el auge de su carrera, haya participado en las Olimpiadas.

¿Qué ocurrirá a continuación? Te sentirás emocionado de lo que podrías aprender y obtener de la otra persona, y esta idea sentará las bases de toda la interacción. Tal como se mencionó anteriormente, habrá un mayor grado de interés y dedicación si percibes a los demás como personas con quienes vale la pena entablar una conversación. Sin embargo, jamás lo sabrás hasta que vayas más allá de la superficie.

Aunque no nos guste admitirlo, a veces sentimos que algunas personas no valen nuestro tiempo. Este es un mal hábito, y pensar en términos de curiosidad es uno de los primeros pasos para acabar con él. Todos valen nuestro tiempo, pero no seremos capaces de descubrirlo si no hacemos el esfuerzo.

¿Qué tenemos en común? Esta es una investigación sobre las experiencias de vida que compartes con tu interlocutor. Hace que la otra persona te resulte más interesante y llamativa en el acto (¡pues sentiremos que se parece a nosotros!). Podría sonar un poco egoísta, pero sin lugar a dudas sentimos mayor afinidad hacia las personas que comparten nuestras ideas e intereses.

Encontrar cosas en común podría incluso *inspirarnos*, sobre todo si estamos rodeados de personas que no se parecen a nosotros. Por ejemplo, si descubres que un desconocido nació en el mismo hospital que tú, aunque ahora vivan en países distintos, sentirás más confianza al hablar con él. Asumes que esta persona *debe* tener una cosmovisión, unos valores y un sentido del humor similares a los tuyos. Sin embargo, no lo hubieses descubierto de no ser por tu intento de indagar más allá de la superficie.

Será como ir de cacería, donde realizarás las preguntas trascendentales que te llevarán en la dirección deseada. Podrías saltar de tema en tema, o podrías meterte de lleno y preguntar de forma directa.

Quizá se deba a que tendrás una nueva motivación aparte de conversar porque sí, pero estas actitudes cambiarán de forma drástica tu forma de abordar a las personas. La curiosidad puede ser difícil de mantener, por lo que mi sugerencia final para desarrollar la curiosidad es convertirla en un juego. Tu objetivo es aprender lo más que puedas de la otra persona. Alternativamente, asume que tu interlocutor cuenta con alguna característica apasionante, y establece como objetivo el descubrir cuál es. Al final, encontrarás lo que buscas.

La próxima vez que vayas a una tienda o a un café, pon esta actitud a prueba con la audiencia cautiva que suponen los meseros o cajeros del lugar (los pocos afortunados que reciben dinero por ser amables con la gente). ¿Consideras que estos trabajadores tienen una posición inferior a la tuya, o los tratas de forma distinta a como tratarías a un buen amigo? ¿Sientes curiosidad hacia ellos? ¿Qué crees que pueden enseñarte, y qué tienes en común con ellos?

¿Sueles preguntarle a los meseros o cajeros sobre su día y te interesas de verdad por la respuesta? De no ser así, ¿crees que serás capaz de "activar" esta función cuando estés con personas que te importen? Practica un cambio de actitud hacia las personas que te rodean. Es el tipo de práctica más sencilla que tendrás, pues no tienes que levantar un solo dedo, pero transformará de forma radical la calidad de tus relaciones personales.

Moralejas:

- Todos tenemos dos oídos y una sola boca, ¿no es así? Esto implica que deberíamos escuchar el doble de lo que hablamos, pero la verdad es que esto va en contra de nuestro instinto natural. Estamos programados para expresarnos y hablar de temas personales, a tal punto que nos proporciona el mismo tipo de estimulación neurológica que las relaciones sexuales. De acuerdo, pero eso no significa que hablar por los codos resulte aceptable o provechoso para nuestras relaciones personales.

- Es hora de que veamos la capacidad de escuchar como el verdadero medio de alcanzar un beneficio mutuo para el desarrollo de una relación más íntima. Cuando escuchas, no solo aprendes información sobre tu interlocutor, sino que tú mismo te conviertes (aunque a algunos les parezca paradójico) en un interlocutor más carismático, interesante y divertido para los demás. Por lo tanto, si tu objetivo final es desarrollar todas estas cualidades, la escucha es la habilidad que debes perfeccionar. Es una habilidad simple, pero, sin lugar a dudas, nada fácil de dominar.

- La complejidad radica en los numerosos métodos que usamos inconscientemente para competir por el control de la conversación, convirtiéndonos así en narcisistas conversacionales. Esto puede resumirse pensando en una situación donde el interlocutor habla de tal manera que la situación se asemeja más a un monólogo que a un diálogo. Una de las formas más sutiles en las que pueden presentarse estos obstáculos es mediante las respuestas de apoyo y las respuestas de cambio, donde lo que transmites a tu interlocutor puede depender de una sola palabra. La moraleja final, sin embargo, es aceptar deshacerse de rasgos como el control, el orgullo y el ego, y seguirle la corriente a nuestro interlocutor.

- Un obstáculo más consciente que las personas enfrentan es la sensación de que su interlocutor es muy aburrido y no tiene nada interesante que decir; por lo tanto, escucharlo no vale la pena. Tras el simple hecho de haber leído el razonamiento anterior, deberías ser capaz de detectar algunas fallas en el mismo. Si crees que la mayoría de la gente con la que te cruzas es aburrida, es porque tú eres el aburrido. Estás permitiendo que los prejuicios dicten tus acciones y arruinen las interacciones. Por el contrario, créate la expectativa de que encontrarás algo grato y fascinante, y eso es justo lo que comenzará a ocurrir.

- Si quieres tener un modelo a seguir de cómo obtener información de las personas, no busques más: el anfitrión de un programa de entrevistas nocturno es justo lo que necesitas. Su única tarea es hacer que una celebridad, que por lo general no es más divertida que tú o que yo, parezca de lo más encantadora e inteligente. Tal labor puede llegar a ser complicada. Piensa en la energía, concentración, atención y habilidad de escucha que el anfitrión emplea para lograr su cometido. Esa es la puerta que nos abre el dominio de esta habilidad.

Capítulo 2. Estilos, marcos y niveles

Imagínate una escena que podría resultar muy conocida para algunas parejas. La persona X se siente triste a causa de una mala experiencia, y ahora le cuenta a la persona Y lo que ocurrió. La persona Y está escuchando (de verdad) y aun así la conversación no está marchando bien, y, eventualmente, termina de la peor manera. La situación se desarrolla de una forma parecida a la siguiente:

X: Qué día tan terrible en la oficina. Ugh, odio mi trabajo.
Y: ¿Oh? Pensé que te gustaba trabajar ahí. ¿Cuál es el problema?

X: No lo sé, es solo que a veces siento que no tengo ni un minuto de descanso, como si todo fuese un ajetreo en cuanto atravieso la puerta...
Y: ¿En serio? La semana pasada dijiste que estabas pasándola bien.

X: Bueno, sí, o sea, por supuesto que hay ocasiones en que lo disfruto. Es solo que a veces me siento muy poco apreciado, ¿sabes?
Y: Ajá. Tal vez deberías pedir un aumento.

X: No, no es eso. Hoy Z ni siquiera me agradeció por haberle sacado de apuros, y me sentí tan...
Y: ¿Se lo comentaste a Z? En fin, eres su superior, así que...

X: Eso lo *sé*. ¿Pero quiere decir que siempre tendré que cubrirle el puesto a todo el mundo?
Y: Pero... ¿no le dijiste a Z lo que sentías?

X: ¡No me estás escuchando! ¡Esto no se trata de Z!
Y: Cielos, ¿entonces *de qué* se trata? Te he preguntado mil veces y no me dices nada.
X: Ugh, olvídalo.

¿Qué ha salido mal aquí? Puede que tú mismo hayas tenido alguna versión de esta discusión (¡incluso ocupando ambos papeles!).

Puede que Y sienta un interés genuino en continuar la conversación, queriendo "ayudar" y aplicando todas las buenas técnicas conversacionales que hemos explicado en secciones anteriores. Sin embargo, X sigue sin sentirse escuchado, y esto se debe a que ambos poseen estilos de escucha distintos, y parecen no estar conscientes de ello.

Es casi tan simple como el hecho de ser diestro o zurdo; existe un instinto y una forma natural de actuar, pero eso no implica que tales inclinaciones puedan o deban funcionar de la forma más óptima. Debido a nuestro entorno, experiencias y preferencias, todos tenemos nuestra forma de ver el mundo. En ese caso, ¿debería sorprendernos que nuestra visión discrepe con la de nuestro interlocutor, convirtiendo así el acto de escucha en una pesadilla?

Le hemos dado un vistazo a algunas de las habilidades y actitudes que podemos desarrollar para ser mejores oyentes y, a su vez, mejores comunicadores y personas más completas y eficientes. Este capítulo repasará la importancia de reconocer las fortalezas y debilidades de tu propio estilo de comunicación, antes de que intentes aprender cualquier otra técnica o habilidad.

Una de las formas de entender la conversación anterior es reconociendo que incluso cuando las personas están escuchando, es posible que tengan diferentes *formas* de escuchar, y los estilos incompatibles suelen generar malentendidos o conflictos. Tal como ocurre con el dominio de las habilidades sociales, esto depende en gran medida de tomar conciencia del problema y de lo dispuestos que estemos a ser lo suficientemente flexibles como para priorizar el conectar con nuestro interlocutor.

Antes de continuar, necesitamos resaltar un hecho importante: los estilos de conversación pueden ser distintos, pero no significa que uno sea mejor que el otro. Cuando intentamos entender a nuestro interlocutor y la forma en que se comunica, no significa que estemos intentando corregirlo o convencerlo de nuestra visión del mundo. Sin embargo, sí que nos ayuda a entenderlo mejor, y cuando lo hacemos, ¡es mucho más probable que nuestro interlocutor nos entienda a nosotros! ¿Y no es de eso de lo que trata una conversación?

Personas, emociones y corazón

El psicólogo Larry Barker propuso cuatro estilos de comunicación distintos, fundamentados en las preferencias de las personas, la personalidad y el propósito que tenían al entablar una conversación. Si analizamos la conversación que dio inicio al capítulo, podemos notar claramente la necesidad de entender nuestro estilo de comunicación y adaptarlo al de nuestro interlocutor con el propósito de ser mejores oyentes.

Los lectores intuitivos notarán de inmediato dos estilos distintos en los participantes del ejemplo anterior. ¿Qué los hacía tan distintos? ¿Por qué parecían no "entenderse" el uno al otro?

El primer enfoque de Barker es el estilo "**centrado en las personas**", el cual, tal como su nombre sugiere, es un estilo de escucha que presta atención a las personas en general y a los sentimientos de las mismas. Este tipo de personas son cooperativas, buscan el bien común, intentan entender a los demás, sienten empatía, y contribuyen a la unión y armonía en el grupo. Aunque abusar de él puede suponer un problema (por ejemplo, ser un poco irracional, dejarse llevar por las emociones, violar los límites o sentirse abrumado), en general es un excelente estilo para las personas cuyo objetivo sea establecer una conexión interpersonal y mejorar las relaciones de todo tipo.

En nuestro ejemplo, X estaba comunicando una historia *emocional*, la cual involucraba los sentimientos del hablante, y este buscaba encontrar en su interlocutor a alguien empático, comprensivo y que escuchase sus emociones. X se estaba moviendo dentro un ámbito muy particular, uno donde la historia giraba en torno a los sentimientos, y el objetivo de contar la historia era que tales sentimientos fuesen reconocidos y validados.

Sin embargo, el estilo de escucha de Y no estaba centrado en las personas, sino que era el estilo denominado **"centrado en el contenido"**. Este tipo de oyente se enfoca en los hechos, en los datos y en *qué* se dijo, en lugar de cómo se dijo o quién lo dijo. Puede que busque confirmar la credibilidad del hablante en vez de ofrecer apoyo y compasión; después de todo, en su mente, el propósito de la conversación podría ser recolectar información y resolver un problema. Está en un nivel completamente distinto al de un conversador centrado en las personas, y tiene objetivos completamente distintos tanto al hablar como al escuchar.

Este estilo de escucha es más pasivo, neutral e impersonal, pero indaga en los detalles, buscando patrones o causalidad, tratando de revelar la argumentación lógica de la historia en lugar del contenido humano. Como es de esperarse, un enfoque como este puede resultar nefasto si se usa de forma excesiva en contextos más íntimos, y resulta más apropiado para relaciones formales o de negocios.

Como ya debes haber deducido, en nuestro ejemplo anterior, Y estaba escuchando la historia de X, pero solo "oía" los hechos literales. En lugar de comprender la necesidad o la naturaleza de la conversación, intentó determinar si lo que X decía era cierto ("¿Pero acaso no habías dicho...?") o sugerir soluciones a un problema que en realidad X no estaba presentando como el conflicto ("Deberías pedir un aumento"). ¡Es evidente por qué este par terminó discutiendo!

A pesar de que no tenía malas intenciones, el principal motivo de que la conversación resulte infructuosa es porque Y falla en darse cuenta de que su estilo de escucha no es el apropiado para la situación, y responde desde el punto de vista equivocado. Esto también podría aplicarse a la inversa: si X y su compañero de trabajo, Z, discutiesen el asunto, les iría mucho mejor si adoptasen un enfoque más centrado en el contenido.

Vale la pena reiterarlo: el problema no era que alguna de las dos partes estuviese "equivocada" o actuase de forma indebida, o incluso que el mensaje en sí tuviese un problema. Lo que ocurre es que las conversaciones dependen en gran medida de las diferencias individuales, el contexto y la intención.

Sin embargo, hay dos estilos más en la teoría de Barker, y estos, hasta cierto grado, coinciden de forma natural entre sí. Los oyentes "**centrados en la acción**" sienten curiosidad por las acciones que deben tomarse o que ya han sido tomadas, les interesa quién las toma, y qué acciones se encuentran en curso. Para ellos, las cosas deben ser claras, obvias y extrapolables al mundo real. Cuando charlan con alguien que posee un estilo incompatible, estos oyentes pueden lucir impacientes, controladores o despectivos con respecto a su interlocutor, respondiendo a las ideas o emociones con una actitud indiferente. Aquellos que cumplen un rol de liderazgo o tienen una profesión centrada en la acción podrían llegar a descubrir que se encuentran enfrascados en este enfoque, muy en detrimento de sus relaciones personales.

Las personas centradas en la acción, con frecuencia, podrían decir frases como "¿Y qué has hecho al respecto?" o "¿Has intentado esto o aquello?" creyendo que lo único que debe considerarse en una discusión es el próximo paso a dar. Aunque puede que este tipo de oyentes vea su enfoque como algo práctico y orientado hacia la resolución de problemas, otros pueden interpretar que no están comprendiendo la situación. Las personas centradas en la acción solo intervienen para facilitar lo que ellos consideran como lo más importante: la toma de *acciones*.

Por último, es posible que los oyentes "**centrados en el tiempo**" fijen gran parte de su atención en el tiempo y la función que este cumple en las historias, peticiones o conversaciones. Generalmente, este tipo de oyentes se enfoca en los horarios y en reducir las conversaciones a márgenes de tiempo manejables que puedan controlar de forma predecible. Al escuchar a los demás, estarán en una constante búsqueda de "concluir", resumir, ir al grano o hacer referencia al tiempo de algún modo. Para aquellos que manejen otros enfoques, este podría resultar un poco extraño, causando molestia en ambas partes y distrayéndolos del tema en cuestión.

La clave es que ninguna de estas tendencias es permanente; todos podemos alternar entre un estilo y otro, pero podría requerir algo de práctica y esfuerzo, sobre todo para aquellos que están muy apegados a su estilo. Si te parece que varios de estos estilos podrían tener cosas en común, tienes razón, y probablemente existan más estilos de los descritos en este libro (¿qué hay del narcisista conversacional descrito anteriormente, el cual podría estar más centrado en la practicidad o en las emociones, pero que sigue exhibiendo una marcada preferencia hacia un único tema: él mismo?).

Ningún estilo es superior o inferior al otro; por el contrario, un buen comunicador es alguien que reconoce los enfoques como una serie de herramientas entre las que puede alternar de acuerdo a la situación. Además, tenemos que ser capaces de reconocer las herramientas conversacionales que usan los demás. ¿Acaso no cambiaríamos de enfoque si nos percatamos de que estamos hablando con una persona más centrada en los sentimientos en lugar de una centrada en la lógica? Lo más importante es reconocer el contexto, y las necesidades tanto de tu interlocutor como las tuyas, para elegir el enfoque con mayores probabilidades de éxito para todos los involucrados.

Estos diferentes estilos de escucha pueden ser enmarcados de forma ligeramente distinta de acuerdo a las teorías del psicólogo educativo Benjamin Bloom, aunque algunas versiones de esta teoría podrían ser milenarias. Puede considerarse que las personas poseen una preferencia general hacia los **sentimientos** (el corazón, lo emocional), el **razonamiento** (la cabeza, lo cognitivo) o las **acciones** (las manos, lo práctico).

Aquellos que prefieren abordar las situaciones con la cabeza (el razonamiento) son como las personas "centradas en el contenido" previamente descritas, y probablemente verán los problemas como un asunto de falta de conocimiento o comprensión. Cuando hablas con este tipo de personas, resulta útil tomar en cuenta que estos aprenden cosas nuevas y se involucran con el mundo a través de métodos racionales, estructurados y cognitivos.

Esto podría resultar en la adopción de un enfoque más centrado en los objetivos: la "escucha informativa". Es un proceso activo de escucha que busca la recolección de hechos, detalles, argumentos e información de forma muy similar a como un estudiante podría prestar atención a la lección de clases. Aunque representa un excelente enfoque en contextos empresariales o universitarios, resulta menos adecuado para las relaciones de pareja, tal como demuestra nuestro ejemplo anterior con X y Y.

De manera similar, esta orientación podría favorecer a un tipo de oyente más crítico, quien analice y evalúe la veracidad, coherencia y valor de la información. Es importarte resaltar que este enfoque sigue manteniendo características de uno centrado en el contenido, sobre todo si el oyente no ha considerado las emociones y necesidades del hablante como información relevante. Este tipo de personas podría menospreciar y considerar poco inteligentes a los hablantes centrados en la acción, o en el fondo sentir preferencia por la teoría pura y abstracta que por el caótico mundo real. Puede que también sientan temor hacia las emociones y un fuerte deseo de controlar los sentimientos de los demás al interactuar con ellos.

Un buen ejemplo sería un doctor que escucha con atención la historia de un paciente, pero solo filtra la información médica que le permitirá realizar el diagnóstico, ignorando por completo el contenido emocional. Un abogado podría escuchar a un cliente o colega exponiendo un caso, y dedicarse activamente a detectar información faltante, deficiencias en el argumento, oportunidades y debilidades. El objetivo es escuchar con un propósito muy específico: recolectar la mayor cantidad de información sólida posible para garantizar que la tarea se realice como corresponde.

Las personas que usan más las "manos" actúan primero y piensan después, o, para ser más precisos, parecen pensar *a través de* las acciones. Para ellos, la experiencia directa y realista representa el estándar de excelencia, y se involucran con el mundo a través de las habilidades psicomotrices y el trabajo práctico. Sensibles y prácticos, podrían sentir un mutuo desdén hacia las personas de pensamientos exageradamente cognitivos, sosteniendo que este tipo de personas desperdician el tiempo y carecen de una comprensión realista de los problemas. De igual forma, podrían sentirse irritados por las personas "sumisas", enfocadas en los sentimientos, las emociones y las relaciones personales, opinando que estas carecen de temple o determinación.

Un buen ejemplo sería un gerente que escucha el relato de un empleado sobre un problema en la oficina. Aunque puede que el empleado esté proveyendo suficiente información objetiva, acompañada de algunos detalles emocionales ("todo el personal de ventas está tirándose de los pelos..."), puede que el gerente solo escuche lo que él considera información vital: ¿qué acciones concretas ha estado tomando el empleado hasta ahora? ¿Han funcionado? Puede que no le importen mucho las teorías, reflexiones, preocupaciones o análisis. Para él, la mayoría de las cosas carece de importancia hasta que hayan sido puestas en práctica.

Las personas del "corazón" dan prioridad al contenido emocional, relacional y holístico, y se relacionan con el resto del mundo a través de la experiencia directa de sus emociones; esforzándose por mantener la armonía y la unión. Los factores de mayor importancia para las personas del corazón son las motivaciones, valores, gratitud, sentimientos y relaciones. Puede que sean oyentes apreciativos o empáticos, cuya meta no es más que demostrar apoyo o simpatía e incentivar al hablante. Muchas veces, esta es la verdadera reacción que queremos obtener de los demás, y es el tipo de interacción que fomenta una relación más íntima y un diálogo más abierto. Constituye en grandes rasgos el tipo de escucha que queremos adiestrar en este libro, aunque, por supuesto, los demás tipos también tienen sus propósitos y beneficios.

Un buen ejemplo del enfoque del corazón es una persona que es capaz de escuchar el relato de un amigo y limitarse a prestar atención, quizá realizando una pregunta ocasional u ofreciendo alguna frase o sonido de apoyo. Por lo general, el estereotípico "¿Y eso cómo te hace sentir?" es considerado como una práctica inadecuada, pero, de hecho, todo buen psicólogo, orientador, cuidador, etcétera, adopta esta posición en sus conversaciones; les interesa saber lo que siente su interlocutor, y los detalles son, de cierta forma, secundarios.

Las personas que escuchan desde la perspectiva del corazón son capaces de adquirir una habilidad interpersonal muy importante. Aunque no necesariamente todas las personas centradas en el corazón serán empáticas o buenas para escuchar, hay que admitir que es imposible conectarse a un nivel personal y humano más íntimo sin tomar en cuenta las emociones.

El oyente empático escucha sin juzgar, interrumpir o sentir la necesidad de corregir a su interlocutor, y con la única intención de escuchar y entender la experiencia del mismo. Lo ideal sería que el terapeuta que encontramos al inicio del libro fuese un oyente empático, en lugar de asumir que ya sabía con certeza lo que su cliente decía. Las personas centradas en lo emocional podrían sentir que el énfasis en el intelecto resulta frío e incluso inhumano, y sienten recelo ante aquellos que ignoran las emociones propias o de los demás.

Por supuesto, podría decirse que el categorizar a las personas en distintos grupos es una actividad de la "cabeza", y su objetivo no es ofrecer reglas definitivas sobre los humanos, sino sugerir patrones que podrían ayudarnos a interactuar de forma más eficiente. A efectos de este libro, aquellos que se sienten cómodos y manejan con pericia las habilidades del "corazón", siempre son buenos comunicadores.

Aunque nuestro objetivo es reconocer, adaptar y alternar entre los distintos enfoques según lo amerite la situación, podría ser necesario comenzar desde la perspectiva afectiva y emocional.

El marco correcto

Un aspecto que se encuentra íntimamente relacionado a esta discusión sobre estilos de escucha y perspectivas únicas de la conversación, es la idea de los "marcos". Tras haber leído los párrafos anteriores, puede que hayas notado con éxito que el tipo de escucha empleado por la gente también depende en gran medida del contexto. Con quién hablas, por qué, y la situación que generó la conversación son factores importantes. Un marco conversacional va más allá de los interlocutores. El marco es determinado por el contexto general, la historia compartida, las expectativas y parámetros que rodean la interacción, la relación particular que existe entre los hablantes, y cómo encaja la conversación entre todos estos factores.

¿Cuál es el objetivo del hablante? ¿Cuál es tu estilo natural? ¿Cómo modificas el marco para lograr una mejor comunicación? Estas son preguntas que, al menos, deberías considerar.

Puede que nuestro ejemplo anterior sobre X y Y esté menos relacionado a la personalidad y estilo de escucha individual de los participantes, y más al simple hecho de que no compartían el mismo marco conversacional: uno quería simpatía, mientras el otro intentaba ofrecer consejos y sugerencias prácticas. Además, notamos que la conversación en sí no era "negativa", sino que tendría más sentido en un contexto que en otro.

En cierto sentido, las *diferencias de marco* pueden explicar en grandes rasgos los conflictos interpersonales, y si logras adiestrarte en la detección de los mismos, podrías obtener una poderosa herramienta para resolver los malentendidos.

De acuerdo, ¿y qué es un marco? Un marco es como un punto de vista, pero en lugar de corresponder a una sola persona, funciona como una plataforma temporal que dos o más personas ocupan durante una conversación.

Tu marco podría girar en torno a la evaluación de una dinámica de poder, resolver un problema, validación mutua, intercambio de información, quejarse, una charla casual, aclarar un malentendido, brindar consejos o sabiduría, entre otros. Un marco es el contexto, el objetivo tácito de la conversación. Un marco es como el escenario donde ocurre la conversación. En términos generales, ¿cuál es el motivo de la conversación?

Una comprensión apropiada de cómo los marcos determinan las interacciones interpersonales puede brindar un mejor entendimiento sobre cómo escuchar y conversar de una forma más eficiente.

Aunque es posible que un marco en común genere conflicto (por ejemplo, dos personas compartiendo el marco de luchar o competir), los marcos compatibles o coincidentes suelen llevar a un mejor entendimiento en todos los aspectos, mientras que los marcos incompatibles pueden arruinar el acto comunicativo.

Por ejemplo:

- Una mujer intenta obtener ayuda de un dependiente, pero el empleado está más interesado en coquetear con ella.

- Alguien llama a una línea de asistencia técnica sin percatarse de que la función del interlocutor no es escuchar quejas personales sobre el producto o la compañía.

- Uno de dos amigos se está relajando durante el fin de semana y quiere disfrutar de una conversación trivial y agradable, pero el otro quiere entablar una conversación filosófica profunda y compleja.

- Alguien hace una broma divertida, pero

un tercero lo escucha y decide "corregirlo", desconociendo por completo la intención y el tono de la broma...

- Una persona, buscando desahogarse, expresa su frustración contra el supervisor laboral, pero el oyente no tarda en proponer una lista de acciones pasivo-agresivas para hacerle la vida imposible al supervisor.

Seguro captaron la idea.

Para muchos de nosotros, experimentar con los marcos y entender lo que amerita cada situación nos hará percatarnos de lo siguiente: no se está buscando una solución, y, tal como se mencionó anteriormente, el simple hecho de escuchar y transmitir la sensación de ser escuchado es la prioridad del día.

Un marco incompatible representa una diferencia en los objetivos de la conversación, y esta diferencia implica que ninguna de las partes logrará satisfacer sus objetivos o necesidades. Es posible que *una* de las partes quede satisfecha, pero generalmente solo un marco compatible logra que ambas personas obtengan rápidamente lo que quieren.

Si existe una incompatibilidad, el paso más importante es reconocerla. Sabrás que algo anda mal si la conversación se siente incómoda, forzada o frustrante, o si sientes que tu interlocutor está experimentando tales sensaciones (¡es aquí donde el enfoque emocional viene como anillo al dedo!). Muchas veces, las conversaciones con marcos incompatibles pueden llegar a sentirse como si girasen en círculos o se volviesen cada vez más confusas en lugar de aclararse, o simplemente resultan aburridas.

Posteriormente, intenta identificar en líneas generales los objetivos conversacionales de ambos interlocutores. ¿Qué quieren obtener ambos de la conversación? La incompatibilidad se acaba cuando ambos están en sintonía: él adopta tu marco, tú adoptas el suyo, o ambos adoptan uno nuevo en común. También es posible acordar el uso de distintos marcos, siempre y cuando se establezcan metas en común. Podría ser de ayuda recurrir a una autoridad o referencia externa que sirva de guía a sus interacciones ("tú dices X y yo digo Y, pero mejor consultemos el manual y acordemos hacer lo que este indique").

Sin embargo, ¿qué haces si el objetivo de la otra persona es "mantener cautivo a mi interlocutor mientras lo entretengo con relatos sobre lo asombroso que soy", y tu objetivo no es otro que pasar un buen rato en la fiesta de tu amigo? Los narcisistas conversacionales, bravucones, iracundos, o aquellos que tengan algún interés personal o algún tema del que quejarse, podrían no *querer* cambiar de marco, y, al lidiar con ellos, puede que tú tampoco.

En este caso, es de sabios reconocer que no todas las conversaciones son viables, y que en ocasiones la mejor opción es dar la interacción por terminada, o, en el mejor de los casos, posponerla. Si notas un marco negativo, señálalo si crees que será de ayuda, pero si alguien está empecinado en interactuar contigo desde una perspectiva destructiva o absurda, siempre puedes optar por no seguir participando. Sin embargo, si adquieres una conciencia más activa, podrás percatarte de esto sobre la marcha y obtendrás la capacidad de resolver el dilema.

Perfeccionar el manejo de los marcos conversacionales no solo te ayudará a manejar las situaciones sociales sobre la marcha, sino que te ofrecerá una perspectiva más amplia de tu estilo comunicativo en general. ¿Qué marco sueles adoptar, y por qué? ¿Sirve a tus objetivos de vida en general? Si en ocasiones no logras comunicarte de forma correcta, ¿a qué se debe y qué puedes hacer en el futuro para mejorar? También puedes leer y analizar a las personas de forma más efectiva si te limitas a pensar sobre sus posibles marcos conversacionales.

Los buenos oyentes han adoptado un enfoque activo y práctico en sus interacciones personales, en lugar de actuar de forma inconsciente de acuerdo a sus hábitos y sin tomar en cuenta la efectividad de las herramientas a su disposición. Lo más complicado es verificar con frecuencia que estás en sintonía con tu interlocutor y evitar enfrascarte en un solo marco o estilo de escucha.

¿Qué busca mi interlocutor con esta interacción/reunión/conversación/charla/sesión de desahogo? Quizá no parezca complicado, pero este paso tan sencillo no suele ser puesto en práctica. ¿Te parece una pregunta complicada? Puede que lo sea, pero en el fondo se reduce a dejar de lado los intereses personales y priorizar los deseos de nuestro interlocutor. Ponerte por encima de los demás es un hábito muy arraigado y difícil de dejar.

Los cinco niveles de escucha

A medida que continuamos explorando distintos tipos de estilos y marcos conversacionales, cerramos este capítulo con una sección dedicada a los distintos niveles de escucha, además de los métodos que, generalmente, resultan más efectivos para ser un mejor oyente. *A diferencia* de los casos anteriores, algunos de estos niveles de escucha no tienen uso en particular, y no hacen más que demostrar una variación en la intensidad de la concentración y la dedicación que le brindamos a nuestro interlocutor.

Experimentamos cinco niveles distintos de escucha, desde la ignorancia total hasta un nivel de atención casi incontenible. Durante gran de parte de nuestra vida, divagamos entre los primeros cuatro niveles, los cuales reflejan al menos cierto grado de egoísmo. En otras palabras, en estos cuatro niveles seguimos usando nuestros propios criterios para interpretar lo que la otra persona está diciendo (si acaso estamos escuchando). La mayoría podemos aspirar, como mucho, a alcanzar el nivel cuatro, e incluso en dicha etapa nuestras verdaderas intenciones pueden ser un poco engañosas.

A decir verdad, algunos jamás alcanzamos el nivel más avanzado (el nivel cinco), a pesar de ser el nivel más importante y el que deberíamos tener como objetivo. Este involucra una atención y concentración absoluta en lo que tu interlocutor está diciendo. Alcanzar tal nivel resulta muy poco común y difícil de mantener. Sin embargo, con el propósito de impulsar la calidad de comunicación en una relación, resulta fundamental que *intentemos* alcanzarlo.

A continuación, pues, se presentan los niveles mencionados:

- Ignorar
- Escucha fingida
- Escucha selectiva
- Escucha atenta
- Escucha empática

1. Ignorar

Supongo que este nivel resulta obvio: se trata de no escuchar en lo más mínimo, de ser un avestruz con la cabeza oculta bajo tierra. Independientemente de que estés distraído, preocupado por otra cosa o simplemente no te interese la conversación, el acto de ignorar desmotiva de inmediato a cualquiera que intente entablar una conversación contigo. Es como recibir el saque de una pelota de tenis y permitir que pase sin siquiera mirarla.

Persona A: Me preocupa nuestro hijo. Está pasando demasiado tiempo en internet y ya ni siquiera interactúa con alguien del mundo real.

Persona B:

Persona A: Es como si no le importase desarrollar una relación de verdad. Me tiene muy preocupada.

Persona B:

Persona A: ¿Hola?

Persona B:

Persona A: Además, acaba de zambullir nuestra camioneta al río y está sacrificando animales en la sala de estar en honor al señor de las tinieblas.

Persona B:

Persona A: ¿Siquiera me estás escuchando?

Persona B: ¡Mira, una ardilla!

Ignorar puede ser un acto intencional (y completamente descortés, como en el ejemplo anterior) o puede ser por descuido o distracción, pero en cualquier caso tiene el mismo efecto: la otra persona se siente desanimada e ignorada. No hay mucho que decir sobre este nivel. Es la mala comunicación en la peor de sus facetas. La Persona B no tiene el más mínimo interés en el punto de vista de la Persona A y no hace el más mínimo esfuerzo en proferir palabra hasta que algo capta su interés personal. Es importante abandonar este primer nivel de comunicación lo más rápido posible. (Sin embargo, ten en cuenta que si alguien *no puede* escucharte, entonces no te está ignorando. Así que, siempre que puedas, alza la voz).

2. Escucha fingida

Este nivel ocurre principalmente en la comunicación en persona. *Parece* que estamos prestando atención, pero en realidad no estamos del todo inmersos en lo que nuestro interlocutor está diciendo. Nuestros ojos podrían llegar a adoptar aquella típica mirada distante, y damos la impresión de simplemente "estar en otro lugar". Hacemos alguna señal mínima solo para aparentar que estamos prestando atención. Sin embargo, en realidad, no le estamos poniendo energía, como si fuésemos el vigilante de un pasillo que se muere del aburrimiento. Sabemos que probablemente deberíamos prestar atención, así que fingimos hacerlo. Esto ni siquiera se trata de marcos o estilos de escucha incompatibles, a menos que tu marco conversacional gire en torno a apaciguar a alguien o a brindar una falsa amistad.

Persona A: Hace poco hablé con mi hermana. Su esposo ha estado pasando muchas horas en la oficina. Creo que ella sospecha algo.

Persona B: Ajá.

Persona A: O sea, sé que mi hermana puede llegar a ser muy dramática y desconfiada. Pero es imposible que él tenga tanto trabajo. Al menos no para perderse cuatro cenas a la semana.

Persona B: Sí.

Persona A: Opino que sí tiene motivos para preocuparse. ¿No crees?

Persona B: Sí. Espera, ¿qué?

Persona A: ¿Has escuchado al menos una palabra de lo que he dicho?

Persona B: Uh... oye, mira. Otra vez la ardilla.

El oyente del nivel dos no está haciendo más que un esfuerzo superficial para convencer a su interlocutor de que está inmerso en la conversación y no parecer descortés. Pero, por supuesto, no deja de pensar en sus propios asuntos. Puede que engañe a la otra persona por un rato, pero puede ser difícil salvar la conversación en cuanto el interlocutor se percate de la genuina falta de interés. Este tipo de personas solo se involucra de forma mínima, y esto puede resultar frustrante para cualquier persona que intente expresar una idea o preocupación seria. Es un progreso, pero no mucho.

3. Escucha selectiva

En este nivel, comenzamos a prestar verdadera atención a nuestro interlocutor... hasta cierto grado. Siempre y cuando el hablante esté diciendo algo con lo que estemos de acuerdo o simpaticemos, estaremos atentos. Sin embargo, si cambia la dirección y presenta una idea que no apoyamos, volvemos a la etapa de fingir que escuchamos o lo ignoramos por completo (narcisistas conversacionales, ¿ustedes de nuevo?). Puede ser una reacción a una opinión que rechazamos, una historia que no nos interesa, o una afirmación con la que no estamos de acuerdo. En un principio damos la impresión de estar involucrados e interesados, pero en cierto punto regresamos a nuestro ensimismamiento. Es un grado de atención mayor al de los niveles anteriores, pero es una escucha *condicional*.

> *Persona A:* Estoy harto de mis compañeros de trabajo. Es por las normas del refrigerador. Llevo semanas diciendo que si tu nombre está escrito en el envase, nadie debería tocarlo.
>
> *Persona B:* Estoy de acuerdo. ¿Han seguido robándote la comida?
>
> *Persona A:* Sí. Alguien está usando el aderezo de mi ensalada.
>
> *Persona B:* Oh, qué mal.
>
> *Persona A:* Sé lo que piensan. Creen que el aderezo de la ensalada no es parte de la comida. Creen que es

como un condimento. Igual que la mostaza o el kétchup.

Persona B: Supongo que entiendo el razonamiento. Se supone que no apliques más que una pizca de kétchup o mostaza en la comida, pero en el caso del aderezo para la ensalada es probable que utilices más.

Persona A: ¿Sabes qué? Incluso si *hubiese* una botella entera de kétchup en el refri, si tiene *mi* nombre no deberían tocarla. Si me apetece compartir el kétchup, yo mismo lo ofreceré.

Persona B: Pero no es más que kétchup.

Persona A: ¿Y qué? Si tiene mi nombre, el kétchup solo puedo usarlo yo. Si tanto necesitas kétchup, pues vete a un lugar de comida rápida y toma un puñado de esos paquetitos de kétchup. Pero deja el mío en paz.

Persona B:

Persona A: ¡Es el ejemplo perfecto del poco respeto que caracteriza a la sociedad actual! ¡Creen que deberíamos regalarles nuestro kétchup como si fuese un *derecho*! ¡No me importa! ¡He dicho que es mío, y si quieres usarlo tienes que *pedírmelo*! ¿Me entiendes?

Persona B:

Persona A: Dije, "¿ME ENTIENDES?"

Persona B: Oh, lo siento. Salió una ardilla en la televisión.

En primer lugar, no te preocupes por lo absurdo que podría sonar este diálogo. Lo he hecho parecer absurdo a propósito. La Persona A está molesta por algo que muchos podrían considerar un problema del "primer mundo" por su naturaleza absurdamente trivial. Está cansada de cierto patrón y esto le está haciendo perder la cabeza. ¿Vale la pena siquiera gastar tu saliva en quejarte del tema?

La respuesta... no importa. Independientemente de lo que opinemos sobre la obsesión de la Persona A con la propiedad de los alimentos, lo cierto es que está *molesta* ante la situación. No tiene nada de malo sentirse así. Son los sentimientos de A y tiene derecho a sentirse como se le antoja con respecto al problema del refrigerador.

La Persona B concuerda con la Persona A hasta cierto punto. Sin embargo, la Persona A menciona algo con lo que la Persona B no está de acuerdo: el aderezo de la ensalada y el kétchup son, a todos los efectos, distintos en el mundo de las sobras almacenadas en el refrigerador. La Persona B piensa que la Persona A está presentando un argumento ridículo y, por consiguiente, ha dejado de prestarle atención.

El objetivo conversacional de la Persona A es completamente distinto al de la Persona B. El marco tácito de la Persona B es el siguiente: solo tengo que participar en esta conversación hasta el grado que resulte personalmente interesante para *mí*.

Incluso si estamos *de acuerdo* con la Persona B y en desacuerdo con la Persona

A, lo cierto es que cuando la conversación dio un giro que no agradó a la Persona B, esta volvió a la etapa inicial de ignorar a la Persona A. La Persona B se limitó a abandonar la conversación y dejar de escuchar por completo.

De eso se trata la escucha selectiva: cuando la charla avanza como queremos y coincide con nuestros valores, todo es perfecto. Pero cuando escuchamos algo que nos parece incorrecto, tiramos la toalla. No importa si el tema gira en torno al kétchup, la política, asuntos familiares, o la muerte; la escucha selectiva no deja de ser un nivel de comunicación incompleto (y algunos podrían considerarla incluso peor que ignorar, pues crea una falsa impresión de involucramiento).

4. Escucha atenta

Este nivel, con toda sinceridad, es bueno. No es perfecto, pero sí bueno. Le brindamos a nuestro interlocutor toda nuestra atención y escuchamos cada detalle que nos proporciona. No estamos distraídos, no estamos limitándonos a escuchar lo que nos conviene y no estamos cambiando de tema.

Sin embargo, lo que impide que este nivel alcance un grado de concentración perfecto es nuestra mente analítica y crítica. Mientras nuestro interlocutor habla, estamos comparando sus afirmaciones con nuestros propios puntos de vista, decidiendo si estamos de acuerdo o no, como si de un debate se tratase. Esto es más que aceptable en una conversación recíproca donde se espera que ambas partes realicen un intercambio de ideas equitativo. Sin embargo, el hecho de que sigamos evaluando a nuestro interlocutor con nuestra propia lógica y razonamiento impide que se convierta en un acto puro de escucha:

> *Persona A:* Mi madre está emprendiendo un negocio por internet.
>
> *Persona B:* ¿De qué se trata?
>
> *Persona A:* Venderá manualidades. Cree poder hacerlo por su cuenta. No

estoy seguro de que sepa en qué se está metiendo.

Persona B: ¿Cuáles son tus dudas?

Persona A: Que jamás ha hecho algo remotamente relacionado al manejo de una página web o al ámbito de la programación, y no sé si conozca a alguien que sí. Está rondando los setenta y me preocupa que esté subestimando el esfuerzo que requiere.

Persona B: ¿Sabes? Hay cursos relativamente económicos que tu madre puede hacer en línea para aprender desde cero. Le ha servido a mucha gente.

Persona A: Sí, supongo que mamá podría darles un vistazo.

Tal como puedes ver, este último diálogo no termina con un desacuerdo, invalidación, indiferencia o, por fortuna, el avistamiento de una ardilla. Es un diálogo abierto y equilibrado. La Persona B está prestando mucha atención a lo que dice la Persona A e incentivándola a sentir la confianza necesaria para revelar sus sentimientos más profundos. Eso está muy bien.

Sin embargo, tras escuchar las dudas de la Persona A, la Persona B sugiere que la mamá de su interlocutor debería investigar algunos cursos en línea. La persona B hizo esta recomendación desde su *propio* punto de vista. Escuchar las dudas de la Persona A activó la experiencia, juicio y opinión personal de la Persona B, y causó que esta hiciera un comentario acorde al tema pero que fallaba en reflejar las ideas o sentimientos de la Persona A.

Como puedes ver, el "juicio" muchas veces puede ser sutil, bien intencionado y difícil de detectar. En la conversación anterior, resulta complicado definir en qué punto la conversación pudo haberse desarrollado de una mejor manera, y es posible que, incluso si a la Persona A no le emociona el grado de empatía mostrado por la Persona B, al menos se sentirá conforme con el diálogo. La Persona B no estaba contradiciendo, insultando o negando por completo lo que la Persona A estaba compartiendo, simplemente introdujo su propio punto de vista en lugar de reconocer y reflejar el que le habían presentado. (Por ejemplo, B pudo haber dicho algo como "Parece que te preocupa mucho que tu mamá esté abarcando más de lo que puede").

¿Es un mal resultado? Por supuesto que no. Puede que la Persona A y la Persona B mantengan este tipo de conversaciones todo el tiempo. Puede que se sientan perfectamente cómodos con dar y escuchar consejos, y puede que incluso los reciban con los brazos abiertos. Sin embargo, la Persona A *pudo* haber interpretado la sugerencia de la Persona B como una forma de invalidación. La Persona A estaba en medio de expresar su estado emocional y puede que no hubiese terminado aún; pudo haber interpretado el consejo de la Persona B como una solución forzada cuyo objetivo era dar cierre a la conversación.

Todo depende de cuán íntima y confiable sea su relación y los límites mutuos que han establecido en la comunicación. La escucha atenta es muy buena. Respuestas como las de la Persona B no son un crimen y, con suerte, no terminarán en una situación donde se deba ejercer una cautela extrema al intentar determinar las palabras correctas. Estas respuestas potencialmente invalidantes no son más que un factor a considerar y tomar en cuenta en aras de la comunicación.

5. Escucha empática

Este es el último y más conveniente nivel de escucha, y el polo opuesto del primer nivel (que consiste en ignorar). El oyente empático le brinda toda su atención al hablante. No solo estamos concentrados en lo que dice; nos estamos poniendo en sus zapatos. No estamos haciendo conjeturas sobre lo que *nosotros* haríamos o sentiríamos en su situación; estamos haciendo un gran esfuerzo por entender su punto de vista.

En la escucha empática, reaccionamos como si escuchásemos la historia de nuestro interlocutor por primera vez, incluso si se trata de algo que se ha discutido anteriormente. Actuamos como si se tratase de una información nueva e inusual que no es sometida a nuestros propios juicios, valores, opiniones o marcos de referencia. No es un nivel que resulte fácil de alcanzar, y requiere disciplina. Sin embargo, es el más gratificante para ambos interlocutores.

Persona A: Sé que ya lo he dicho antes, pero Chris está colmando mi paciencia. Ha sido un dolor de cabeza tener que tratar con él durante las últimas semanas, y no sé qué hacer al respecto.

Persona B: ¿Qué sucede?

Persona A: Está actuando de forma fría. Está emocionalmente distante. La mayoría de noches llega tarde, y cuando no, se encierra en el estudio y se aísla.

Persona B: Debes sentirte muy sola.

Persona A: Sí, pero para ser más exacta, siento que me ha abandonado. Llevamos siete años juntos y este cambió ocurrió de la nada. Estoy confundida. No sé qué lo causó. No sé si me está ocultando algo o si no es más que una etapa que atraviesan las parejas duraderas.

Persona B: Debe ser difícil soportar tanta incertidumbre.

Persona A: Sí, así es. Si pudiese aclararme las cosas, me ayudaría mucho. No lo sé; ya veremos.

En este ejemplo, la Persona B aparta por completo sus intereses personales de la historia. Su primer paso es incentivar a la Persona A a confiar en ella. Posteriormente, intenta imaginar el estado mental y emocional que está atravesando la Persona A, pero sin asumir el protagonismo.

Es por ello que la Persona B dice: *"Debes sentirte* muy sola" en lugar de *"Yo me sentiría* muy sola". Una diferencia pequeña y quizá imperceptible en la sintaxis, pero que reafirma que la Persona A es la protagonista del diálogo y que la Persona B le está brindado su total atención.

La Persona B imagina estar en la posición de la Persona A e intenta empatizar: "Debe ser difícil soportar tanta incertidumbre".

Esto demuestra que la Persona B está tratando realmente de entender lo que la Persona A está atravesando. Se diferencia del cuarto nivel, donde el oyente compara lo que está escuchando con su propio juicio y experiencia; es una *conjetura*, no una declaración. Además, se emplean oraciones que comienzan con "tú" y no con "yo". Esto le recuerda a la Persona A que está recibiendo una atención y comprensión absoluta, la cual representa en sí misma una experiencia comunicativa que se caracteriza por la positividad y la validación.

Por supuesto, en ocasiones, este tipo de interacción podría parecer como una terapia, y por tal motivo, puede que no te convenga que todas y cada una tus conversaciones sean igual de intensas y empáticas. Sin embargo, vale la pena tener esta herramienta a tu disposición, de manera que cuando alguien la necesite, sabrás qué hacer. Por otro lado, te conviene asegurarte de establecer límites claros y evitar el uso de este tipo de escucha, que requiere tanto esfuerzo de tu parte, con personas cuyo único interés sea mantenerte cautivo en una sesión de quejas durante tres horas...

Moralejas:

- Supongamos que estás aprendiendo a tocar la guitarra. Eres diestro, pero por accidente compraste una guitarra para zurdos. Tal incompatibilidad no es precisamente la receta del éxito. Esta es una buena analogía para los distintos tipos de escucha que existen. Tenemos que coincidir con el estilo de nuestro interlocutor si queremos tener una comunicación exitosa.

- Aunque podría decirse que existen innumerables estilos de escucha, resulta útil pensar en términos de cuatro estilos principales: centrado en las personas (emociones), el contenido (información), la acción (tareas a realizar) y el tiempo (duración y frecuencia). Para nuestros objetivos, nos interesa reconocer cuál es nuestra tendencia natural, y posteriormente intentar orientarnos hacia el estilo centrado en las personas/emociones. Esto se debe a que cuando las personas se comunican, aparte de dar una orden u organizar un viaje, lo hacen para expresar una emoción. ¡Descubre cuál es! Otra forma de describir los estilos de escucha es pensando en términos de cabeza, corazón y manos. La "cabeza" gira en torno a pensar y planificar, las "manos" en torno a los procedimientos y acciones, y el "corazón", pues, gira en torno a las emociones y el bienestar de las personas. Tal como se mencionó anteriormente, debes reconocer tu estilo actual y determinar cómo orientarlo hacia uno que esté más centrado en las personas, las emociones y el corazón.

- Los marcos conversacionales son una forma distinta de imaginar los estilos de escucha. Los marcos son mucho más fluidos, y no te exigen más que tomar en cuenta los objetivos o propósitos generales que una persona tiene para entablar una conversación. ¿Cuáles son los suyos? ¿Cuáles son los tuyos? ¿Resultan compatibles entre sí? Si no, utiliza tus nuevos conocimientos y haz que lo sean. Una forma sencilla de describir los marcos conversacionales es imaginando una obra de teatro. Todos los actores están en sintonía, trabajando con el mismo objetivo e intentando transmitir un beneficio emocional. ¿Qué ocurre si uno de los actores quiere improvisar un poco y hablar largo y tendido sobre el amor que su personaje siente hacia el mar? Nada bueno.

- Por último, llegamos a los niveles de escucha. A diferencia de los marcos y estilos, algunos de estos niveles de escucha no tienen nada positivo. Los niveles son: ignorar, escucha fingida, escucha selectiva, escucha atenta y escucha empática. Los dos primeros niveles no son muy útiles, y es solo al alcanzar el último nivel de escucha empática que logramos dejar de lado nuestros intereses personales y comenzamos a escuchar para entender, en lugar de escuchar para responder. Muchos no logramos ir más allá de los primeros tres o cuatro niveles en la mayoría de nuestras interacciones cotidianas.

Capítulo 3. La ardua labor del oyente

Dos personas están en una cafetería, "poniéndose al día" tras mucho tiempo sin charlar, y discutiendo sobre distintos temas.

Angela: "He intentado hablar con él una y otra vez, pero es que no parece *entenderlo*, ¿sabes?"
Kristen: "Bueno… ¿a qué te refieres? ¿Qué es lo que no entiende?"

Angela: "Es como si... Una vez escuché a alguien decir que la mujer se vuelve madre en cuanto se entera que está embarazada, pero el hombre solo se vuelve padre cuando nace el bebé. Así me siento. Como si aún no estuviese involucrado del todo..."
Kristen: "Como si no estuviesen en sintonía..."

Angela: "Exacto. Y siento que el tema no es más que un concepto abstracto para él, como si aún no lo hubiese asimilado. O sea, lo comprendo, pero no lo sé..."
Kristen: "Oh, te entiendo. Parece que comprendes lo que siente, pero hay algo más que te molesta".

Angela: "Así es. Supongo que estoy un poco... ¿decepcionada? Quizá solo tengo miedo de tener que atravesar sola todo este proceso, y eso no era lo que habíamos acordado. Así *no* es como pensé que haríamos las cosas. Somos un equipo".
Kristen: "Creías que... estaban juntos en esto".

Angela: "Sí. Pero cuando hablo con él... no lo siento así. Como si diese a entender que *yo* soy la embarazada y él no es más que un espectador. O sea, no quiero hablar mal de él..."
Kristen: "¡Por supuesto que no! Me parece que no es un tema fácil de hablar".

Angela: "Bueno, ¿qué puedo decir? Creo que en el fondo simplemente... Tal como están las cosas, bien podría irse, ¿sabes? Pues soy yo quien *realmente* se está encargando de todo. ¿Entiendes lo que quiero decir?"
Kristen: "Oh, totalmente. ¿Crees que te preocupe el hecho de que pueda abandonarte?"

Y así continúa la conversación. En este ejemplo, el tiempo de participación de ambos interlocutores es casi idéntico, pero, sin lugar a dudas, es una sola persona la que está hablando y expresándose mientras la otra se dedica a escuchar... de forma activa. Si vuelves a leer la conversación, notarás que el oyente repite en cierto grado las palabras del hablante, aunque parafraseando la información, y en ocasiones formulándola de forma interrogativa o limitándose a ofrecer ánimo y apoyo ("Oh, te entiendo").

No está diciendo mucho, pero está generando una gran respuesta y cierto tipo de explicación detallada que refleja consuelo y satisfacción emocional. Lo más importante es que el hablante se sienta escuchado de verdad, y esta es una de las tareas del oyente; no solo guardar silencio.

Probablemente, el hablante se siente extraordinariamente escuchado y apoyado en esta conversación. Su interlocutor le está dedicando toda la atención posible, sin limitarse únicamente a escuchar, sino involucrándose de forma íntima con el contenido (tanto objetivo como emocional) que se está exponiendo. Sin embargo, en lugar de interponer sus propias ideas, el oyente reflexiona y resume con mucha habilidad lo que le ha sido confiado. Vale la pena resaltar que esto va más allá de limitarse a repetir palabra por palabra lo que se ha dicho. De vez en cuando, el oyente pone a prueba su comprensión ("Parece que te refieres a esto y aquello, ¿no? ¿Estoy entendiendo bien?").

Esto indica, de forma clara y rotunda, que el objetivo del oyente en la conversación es entender a fondo al hablante. De hecho, es como si el oyente estuviese ayudando de forma activa al hablante a exponer su punto, mediante palabras clave y guiándolo a lo largo del proceso. Muchas veces, tales conversaciones pueden brindar una visión o entendimiento más profundo; el tipo de charla que hace sentir a las personas comprendidas, conectadas y como si hubiesen participado activamente en la resolución de un problema. Puede que sientas que le estás dedicando tu atención absoluta a tu interlocutor, pero si no estás participando de forma que le hagas sentir dicha atención, entonces no vale de nada.

Esta es la "conversación profunda" (opuesta a la conversación trivial) que aumenta el nivel de intimidad entre las personas. Cuando dos buenos conversadores se encuentran, pueden turnarse en el rol de oyente activo, y en lugar de convertir la conversación en una demostración de ego, una búsqueda de atención, una discusión o una charla insignificante, se convierte en una plataforma para establecer conexiones trascendentales, disfrutar de la compañía de otra persona, resolver problemas y explorar los temas más excitantes de la vida.

De hecho, aunque sea una "conversación profunda", resulta evidente que tiene la capacidad de llegar al meollo del asunto en cuestión de palabras. Una hora de "conversación trivial" podría no acercarse jamás a este nivel de comprensión y conexión tan íntimo.

Puede que la conversación anterior te haya recordado cómo actuaría un buen psicólogo, y, de hecho, este método fue explorado a fondo por el famoso psicólogo Carl Rogers. Rogers creía que, durante una sesión de terapia, una "atención positiva e incondicional", al igual que la escucha activa, la empatía y la reflexión, eran las claves para entablar una verdadera conversación transformadora. Y, después todo, la terapia no es más que un tipo de conversación.

Escuchar no es un acto pasivo. Muchas personas se resisten a escuchar porque lo interpretan como una renuncia involuntaria al protagonismo; como la adopción de un aburrido papel secundario, donde no pueden hacer más que esperar pacientemente a que su interlocutor les brinde la oportunidad de intervenir. El escuchar les parece un acto vacío, donde no se mueve un solo dedo. Esta es una actitud nefasta, pues una conversación solo funciona cuando ambos participantes se encuentran involucrados de forma activa y consciente. El error radica en pensar que hablar es más interesante o más activo que escuchar. Nada podría estar más alejado de la realidad. Y reiterando lo que se ha planteado anteriormente, ser el centro de atención es un objetivo completamente distinto al de desarrollar intimidad con alguien más.

Los mejores oyentes saben algo que los menos diestros no: escuchar a alguien hablar y compartir información es tan agradable como hablar uno mismo, y puede que, en ocasiones, sea incluso mejor. Puede ser igual de satisfactorio, si acaso no más, descifrar los secretos de una persona y lograr que sus verdaderas emociones salgan a la superficie. Dicha labor tampoco tiene que ser tan aburrida como sentarse en silencio y asentir. Puede ser un acto bastante activo, y muy similar a descifrar un acertijo (si sabes responder de la forma correcta). De eso se trata la escucha activa.

La escucha activa

En el capítulo anterior, hablamos sobre los cinco niveles de escucha. ¿Cómo llegamos al último nivel? Así como la lectoescritura requiere práctica, lo mismo ocurre con el arte de la escucha activa.

La escucha activa es una de las mejores habilidades que podrías tener en tu repertorio para el desarrollo de una relación interpersonal. Esta habilidad establece un respeto e interés por el punto de vista de tu interlocutor, y te facilita el procesamiento de la información que resultaría compleja e intrincada con la escucha pasiva. Además, facilita el proceso de comunicación: la escucha activa te ayuda a conocer las necesidades de tu interlocutor, y, por lo tanto, te hace ser menos reservado y más franco con tus respuestas.

Quizá su principal beneficio es que no deja duda alguna de que estás entendiendo a tu interlocutor. Este sabe que estás prestándole atención.

Al mismo tiempo, debemos deshacernos de nuestro ego para poder conectarnos de forma íntima a lo que nuestro interlocutor está diciendo. Denominamos a este proceso como escucha "activa" porque involucra numerosas áreas de nuestra mente y nos lleva a realizar *acciones* para entender lo que está siendo comunicado.

Los terapeutas (al menos los buenos, no como el que se mencionó al principio del libro) son excelentes modelos de lo que implica ser un oyente activo. Escuchan a sus clientes con un propósito claro. Si escuchan algo de lo que no están cien por ciento seguros, incentivan a sus clientes a ser más explícitos y reflexivos.

Estos terapeutas intentan reformular los planteamientos de sus pacientes y les piden que expliquen más a fondo lo que quieren decir. Más que nada, intentan lograr que sus clientes se sientan tranquilos y seguros de comunicarse mediante la consideración, el lenguaje corporal y la empatía. Los terapeutas son impulsados por el objetivo concreto de escuchar a sus clientes, y todas sus respuestas van orientadas hacia dicho propósito. ¿Podemos decir lo mismo de nosotros cuando nos toca cumplir el rol de oyentes?

La escucha activa involucra algunos tipos de preguntas y respuestas fundamentales que puedes comenzar a emplear casi de inmediato. Estas herramientas están diseñadas para garantizar que el hablante *sienta* que están en la misma sintonía emocional. Después de todo, ¿de qué sirve escuchar si solo está ocurriendo en tu interior y no se lo expresas a tu interlocutor?

Comprender. El primer paso para ser un oyente activo es, por supuesto, comprender lo que el interlocutor está diciendo. Si este usa el mismo lenguaje que nosotros solemos usar, el proceso es prácticamente automático. Sin embargo, existen otros posibles obstáculos; por ejemplo, si la persona utiliza mucha jerga desconocida para nosotros o existen diferencias generacionales, sociales o culturales de las que no poseemos suficiente conocimiento. Ante todo, te conviene asegurarte de estar en sintonía emocional con el hablante, de manera que puedas determinar sus necesidades y deseos en el acto.

Una excelente pregunta que podemos realizar si no entendemos lo que la otra persona está diciendo es "¿Podrías explicármelo como si fuese un niño de cinco años?". Un niño de cinco años tiene suficiente vocabulario para llevar una conversación, pero necesita que las situaciones relativamente complejas le sean descritas de una forma muy paciente e intencional mediante palabras que el infante conozca. Sobre todo si crees que la otra persona siente temor de parecer condescendiente, pedirle que te describa algo como si tuvieses una edad, digamos, *mucho menor a la real*, podría hacerla sentir más tranquila.

Otras frases para pedir que te faciliten la comprensión son:

- "¿Qué ocurrio?"
- "Cuéntame tu historia".
- "¿A qué te refieres?"
- "Cuéntame más".
- "¿Puedes aclararme esta parte?"

No temas parecer estúpido o con ganas de interrumpir. A la mayoría de las personas les gusta sentirse expertos, y todos somos expertos de nuestra propia vida. Incluso, en ocasiones, puede resultar útil ser completamente honesto sobre nuestra falta de comprensión (¡Solo si lo tomas como un motivo para prestar más atención!).

Retener. Más que el mero acto de recordar lo que escuchaste, retener la información implica escuchar lo que el hablante está intentando expresar de manera que podamos brindar una respuesta apropiada. Estás intentando conocer la historia completa, y esto es algo que va más allá de simples hechos y eventos. El objetivo es meterte tanto como puedas en los zapatos del hablante, y, por supuesto, realizar preguntas resulta necesario para tal fin.

Cuando hablamos con alguien, solemos retener solo los detalles que despiertan un interés personal o los retenemos de acuerdo a la forma en la que estamos acostumbrados. Sin embargo, eso no es más que nuestro propio punto de vista, y no resulta particularmente útil para para intentar ser un mejor oyente.

Por ejemplo, si alguien nos está contando sobre una cita que tuvo, podríamos ser el tipo de oyente que recuerda los detalles físicos del evento (el restaurante al que fueron, la película que vieron, la ropa que usaron). O podríamos recordar comentarios más generales sobre la cita como tal (cómo era la personalidad de la otra persona, cómo se "sintió" la cita, cómo se compara con citas pasadas).

Puede que ni siquiera nos percatemos de estar recolectando fragmentos de la narración que despiertan nuestro interés, e internamente podemos comenzar a crearnos una historia ligeramente distinta a la que nos están ofreciendo. Puede que alguien te haya aplicado esto alguna vez, cuando contabas algo y tu interlocutor parecía enfrascarse en un aspecto específico de la historia que definitivamente no era el punto principal. ¡Sin lugar a dudas, esta es una forma de "escuchar sin escuchar"!

Durante una conversación, solemos buscar aperturas donde podamos intervenir y aportar algo. Es algo normal, pero no resulta propicio para la escucha activa. Para retener de forma apropiada lo que nuestro interlocutor está diciendo, debemos hacer nuestro ego a un lado y centrar toda nuestra atención en las palabras de la otra persona, a medida que las desarrolla. No se trata de tu interpretación, sino de la suya.

Tal como se ha mencionado anteriormente, las preguntas representan una poderosa herramienta para enmarcar la situación y mantener la atención en lo expresado por tu interlocutor. Para asegurarte de estar reteniendo toda la información que necesitas, podrías preguntar:

- "¿Qué significa eso para ti?"
- "Y solo para aclarar, ¿qué ocurrió luego?"
- "Espera, ¿y ella cómo manejo la situación?"
- "¿Y eso cómo encaja en la historia?"
- "¿Y eso cómo te hace sentir?"
- "¿Cuál fue tu reacción?"

Responder. La escucha activa requiere de esfuerzo para comprender y proporcionar una respuesta adecuada; de lo contrario el hablante podría sentir que se está comunicando con la pared. Como ya se ha repetido varias veces, ¡el acto de escuchar es muchas cosas, *menos* pasivo! Una respuesta efectiva demostrará nuestro interés por el tema de conversación de nuestro interlocutor.

Ya estás escuchando, comprendiendo y reteniendo; una respuesta de calidad demostrará que comprendes todo lo que el hablante ha dicho de forma verbal y no verbal. Imagina que estás charlando con alguien, y no estás seguro de que esta persona entienda el lenguaje que estás hablando. No muestra señal alguna de haber entendido. ¿Te sientes comprendido? Es por ello que las respuestas y reacciones son tan necesarias.

Al igual que en la retención, es importante que nuestra respuesta esté libre de nuestro propio ego e ideas preconcebidas. No quieres responder de una forma que sugiera que estás intentando desviar, manipular o interpretar la conversación de acuerdo a tus propios intereses. Estás intentando obtener una noción general de los sentimientos y opiniones de la otra persona sin los perjuicios que te has formado:

> *Hablante A*: Y por eso no me gustan las cenas.

Respondedor B: ¡Qué locura! ¿Te asustaste cuando ese extraño salió del pastel?

Hablante A: Más que asustada, me sentí decepcionada. Esperaba algo más maduro de la Liga de la Templanza.

Respondedor B: Eso debió haber puesto a prueba tu paciencia. ¿Cierto?

Hablante A: Un poco. Pero lo que más me demostró es que tengo que comenzar a limitar el presupuesto destinado a gastos de entretenimiento.

Las respuestas propias de la escucha activa deberían reflejar la información compartida por el hablante. Deberían demostrar un profundo interés en las ideas y emociones de tu interlocutor. En lugar de expresar tus *propias* opiniones y puntos de vista, las buenas respuestas en el ámbito de la escucha activa ayudan a ambos interlocutores a descubrir cosas sobre sí mismos.

Para brindar una buena respuesta, intenta abordar las ideas y emociones de tu interlocutor (los hechos suelen ser menos relevantes de lo que parecen al principio). Puedes lograrlo al reafirmar con tus propias palabras lo que tu interlocutor ha dicho. Cuando respondas, procura seguir su punto de vista; introducir una idea que no esté relacionada a su situación inmediata podría resultar demasiado discordante o distractora. No ofrezcas una opinión contradictoria o incompatible hasta que hayas entendido, en la medida de lo posible, todo lo que tu interlocutor está expresándote. E incluso entonces, evita emitir juicios radicales.

Algunas respuestas positivas de un oyente activa podrían ser:

- "Me intriga tu historia".
- "Parece una cuestión de ____".
- "Entiendo lo que sientes".
- "Siento que quieres un cambio. ¿Qué clase de cambio te gustaría ver?"
- "¿Esta situación te hace sentir ____?"

El objetivo general de la escucha activa es entender por completo el punto de vista o la experiencia de vida de tu interlocutor, y que tú asimiles esa información de una forma significativa que podría impulsarte a un nuevo nivel de conocimiento y comprensión. Te interesa demostrarle a la otra persona que puedes adentrarte en su mundo y ver la situación desde su perspectiva. Con el propósito de cumplir los objetivos de comprender, retener y responder, puedes emplear algunas de estas técnicas o más:

Reafirmar. Parafrasear las emociones de tu interlocutor con tus propias palabras es una forma excepcional de facilitar la comprensión. Es importante *no* limitarse a repetir lo que este ha dicho como si fuésemos un loro, sino demostrar que has entendido la esencia del mensaje. Esto te resultará similar a las "respuestas de apoyo" que discutimos anteriormente. Le estás haciendo saber que lo escuchaste y que estás en sintonía. Si no has entendido la historia al cien por ciento, lo más probable es que tu interlocutor se encargue de corregirte.

> Él: La situación fue confusa y aterradora.
>
> Tú: Debió haberte parecido peligroso; decidir qué hacer no debió ser fácil.

Reflejar. Otra forma de reafirmación es formular tu respuesta de acuerdo a las emociones, en lugar de a los puntos de la historia. La reflexión le brinda a la historia del hablante un mayor nivel de profundidad que puedes demostrar haber comprendido. Literalmente hazle saber, o interrógale, sobre la emoción que está experimentando.

> Él: Y al final, papá dijo que nunca había tenido esperanzas de que me admitiesen en esa universidad.
>
> Tú: Qué terrible. Suena como un rechazo muy cruel.

Resumir. Intenta tomar los detalles de la historia que ha expuesto el hablante y resúmelos de una forma concisa y que demuestre tu comprensión general del tema. Esta acción es similar a la reafirmación, pero tu objetivo es obtener una visión más general. También puedes verlo como una prueba de comprensión. Puede que se hayan mencionado muchos puntos y argumentos, y es posible que hayas perdido de vista la emoción, acción o propósito principal.

Tú: Así que el pastelero se equivocó con el pedido, la cena se quemó, y enviaron a un hipnotizador en vez de un payaso. Cielos, si esa hubiese sido la fiesta de cumpleaños de *mi* hijo, ¡estaría tirándome de los pelos!

Identificar emociones. Muchas veces, el hablante perderá el hilo de la conversación entre tantos detalles prácticos y físicos que te está contando. De la forma más sensible que puedas, intenta identificar las emociones específicas que tu interlocutor aún no ha logrado verbalizar. Esto no es necesariamente complicado de lograr, pues solo tienes que indicar algún tipo de emoción positiva o negativa, pero cuando logras identificar con éxito las emociones de tu interlocutor, serás visto como un psíquico. Solo debes evitar excederte o intentar imponer tus propias ideas en el asunto.

Él: Por fin el jefe se disculpó por haber pasado mi trabajo por alto, y me aseguró que de ahora en adelante prestaría más atención.

Tú: Vaya, me imagino que eso te llena de alivio y reivindicación, sin mencionar un poco de orgullo.

Indagar. Evitando parecer un interrogador agresivo, intenta formular preguntas que te permitan alcanzar un mayor grado de comprensión y darle más sentido a las acciones de tu interlocutor. La mayoría de la gente disfruta de responder preguntas discretas y bien estructuradas. Al indagar, puedes intentar hacer conjeturas sobre los sentimientos, reacciones y deseos de tu interlocutor. Tales predicciones demuestran que estás tan involucrado en la conversación, que quieres acompañar a tu interlocutor en el proceso de sacar conclusiones y seguir la secuencia de ideas. No solo estás acompañándolo físicamente, sino que estás involucrado con sus emociones.

> *Tú*: ¿Qué sentiste cuando esa mujer regañó a tu hijo en el supermercado? *En el fondo*, ¿Cómo quisiste reaccionar?

Guardar silencio. Muchas veces, vale más un silencio oportuno que llenar un vacío con palabrería superflua. El silencio puede brindarle a tu interlocutor un instante para ordenar sus ideas y emociones. Además, podría ayudar a reducir la tensión que podría generarse de una interacción intensa o infructuosa.

> *Él*: Y fue entonces cuando concluí que el paracaidismo no era lo mío, sobre todo en el ámbito laboral.
>
> *Tú*:

<u>Nada</u> *de sermones, consejos que nadie ha pedido o consuelos superficiales.* A nadie le gusta sentir que no es la prioridad, y en el contexto comunicativo, esto podría hacer que el hablante sienta el deseo de terminar la conversación.

> Él: Y lo peor de todo es que siempre se le olvida bajar la tapa del inodoro.

> *Tú, sermoneando*: Para empezar, no debiste haberle permitido entrar al baño.
>
> *Tú, dando consejos que nadie ha pedido:* Deberías clausurar el baño hasta que ceda a tus demandas.
>
> *Tú, consolando de forma superficial:* ¡No te preocupes! Mañana será otro hermoso día lleno de oportunidades maravillosas.

Realizar preguntas abiertas y que fomenten la conversación. Para demostrar que te interesa el bienestar de tu interlocutor, hazle un par de preguntas abiertas sobre su vida personal. Dichas preguntas demuestran que estás listo para recibir información y que tus intereses van más allá de los datos o hechos de una situación en particular.

> *Él*: Y así, tras haber gastado un par de cientos de dólares, concluí que, quizás, estacionar en paralelo era una habilidad que debíamos perfeccionar un poco más.

Tú: ¿Y eso cómo te hace sentir? ¿Cuáles son tus planes para aprender? ¿Dónde piensas hacerlo? ¿Qué resultado esperado obtener?

La escucha activa requiere de mucha práctica y esfuerzo constante, y puede suponer un desafío incluso para los más diestros. Sin embargo, rendirá sus frutos en la instauración de una atmósfera que propicie la comprensión, un flujo más dinámico de la información y un mayor nivel de respeto para todos los involucrados. Nuestra intención, aunque desde el punto de vista sistemático, con la escucha activa es adoptar el hábito de sensibilizarnos ante las emociones de los demás y reprimir las propias. La forma definitiva de este nivel es la reflexión empática.

La reflexión empática

Dentro de un diálogo, la empatía se presenta al reflejar el punto de vista de tu interlocutor (y demostrarlo). Aplicar la empatía va más allá de limitarse a escuchar y validar lo que la otra persona está diciendo; de hecho, se trata de procesar lo que has escuchado a nivel emocional. Mientras escuchas, involúcrate con el tema. No pares de preguntarte, para tus adentros, qué se está diciendo, cómo y por qué.

¿Qué ocurre en el mundo de tu interlocutor? ¿Quién es, qué le importa, y por qué te está contando lo que te está contando? ¿Cuáles son sus valores, y cómo se reflejan en la forma de hablar contigo? ¿Qué se siente estar en sus zapatos? En otras palabras, pregúntate: Desde la perspectiva de mi interlocutor, ¿cómo es que sus palabras *tiene perfecto sentido*?

Si algo parece ilógico o irracional, no significa que se deba a que estás hablando con una persona ilógica o irracional; simplemente desconoces una parte de la secuencia de ideas de tu interlocutor. Siempre podemos hacer un esfuerzo voluntario para validar las palabras de la otra persona. Cuando validamos a nuestro interlocutor, le decimos que su experiencia tiene una *validez intrínseca*. Esto no quiere decir que estemos de acuerdo con él, lo entendamos o compartamos sus ideas de algún modo; simple y llanamente quiere decir que reconocemos lo que siente, y que tiene todo el derecho del mundo a sentirse de esa manera. Algunos pueden tener más talento que otros para esta habilidad, pero puedes practicarla mediante frases como estas:

- "Tiene sentido".
- "Mmm, ¿puedes darme más detalles sobre __? ¿A qué te referías con __?
- "Parece que todo es cuestión de __. ¿Te entendí bien?
- "Ajá. Entiendo".
- "Prosigue".
- "¿Crees que (inserta una interpretación provisional)?"
- "Me llamó la atención (algo que tu interlocutor mencionó anteriormente)..."
- "Oh, vaya. ¡Bien hecho!"
- "¿Y por qué hiciste eso?"

- "¿Y qué ocurrió luego?"
- "De acuerdo, así que me estás diciendo que (resumen muy breve de lo expuesto)?"

Sin embargo, ten cuidado: un narcisista conversacional podría aprovecharse de tus técnicas de escucha activa, pues solo necesitaría un mínimo incentivo. En tal caso, relájate y escucha lo más que puedas, y, si es posible, retírate con elegancia; es imposible salir "ganando" al cooperar con una persona que está decidida a dominar. Sonríe y perfecciona tus habilidades de escucha empática, ¡te alegrarás de haberlo hecho cuando por fin encuentres a un interlocutor dispuesto a cooperar!

Volvamos a imaginarnos la primera conversación que usamos de ejemplo, pero esta vez con un mal conversador. Notarás que usar ciertas técnicas de escucha activa con un interlocutor dominante no beneficia a ninguna de las partes.

"He intentado hablar con él una y otra vez, pero es que no parece *entenderlo*, ¿sabes?"
(Silencio).
"Ugh, no lo sé. Siento que quizás no debería quejarme".
(La persona asiente de forma desinteresada mientras le da un vistazo a la pantalla de su teléfono).
"En fin, supongo que es mejor no seguir hablando de mí. ¿Cómo están Mike y tú?
(Se anima de repente) "Oh, nos va excelente. Hace poco fuimos a un concierto increíble, ¿te conté? Bueno, lo que ocurrió fue que... *bla, bla, bla*".

Posteriormente, el hablante original lucha por tener la palabra, y lo que sigue es una insípida charla de una hora sobre los distintos conciertos que se están presentando en la ciudad.

Lo que pudo haber sido una conversación que fomentase la unión e intimidad, beneficiando a ambas partes, se ha reducido a una simple tarima compartida donde cada interlocutor tiene un turno para hablar y contar su propia historia. Si alguna vez has charlado con una persona aburrida, podría haberse debido a que la persona estaba, de hecho, *aburrida* (de ti y de tu tema de conversación, y se sentía incapaz de expresar curiosidad e interés hacia *tu persona*).

Vale la pena recordar todo esto cuando reflexiones sobre cómo ser un mejor conversador. Intenta pensar en por qué algunas conversaciones te han hecho sentir ignorado, malentendido o poco escuchado. ¿Qué te pareció la actitud de tu interlocutor? Quizá, en este caso, podamos aprovechar nuestro propio "narcisismo". Para ser un buen oyente, tenemos que darle a nuestro interlocutor la oportunidad de hablar, de ser escuchado y de adueñarse de una parte de la conversación para contar su historia, es decir, ¡lo que nosotros queremos hacer cuando nos vemos tentados a interrumpir o dominar la conversación!

Imagina la situación como si de una reflexión se tratase; no absorber la historia, sino orientarla de regreso hacia el hablante, como en nuestro partido proverbial de tenis. Podrías haber notado esto al interactuar con un infante. Un bebé tiene que aprender quién es, qué siente, y qué significan sus experiencias.

Una madre podría observar a su niño en pleno llanto e imitar su expresión de tristeza, diciendo: "Aw, ¿estás triste por eso?". Básicamente, al hacer esto, le enseña a su hijo que lo que está sintiendo se llama "tristeza", y aunque este no logra entenderlo del todo, puede ver la expresión en la cara de su madre, y comienza a darle sentido a las cosas a través de su propia experiencia.

En otras palabras, la reflexión empática ayuda a las personas a profundizar y comprender su propia experiencia. He allí la importancia de ser escuchados en muchas áreas de la vida, el por qué a veces necesitamos una audiencia, y el por qué necesitamos recibir atención de los demás; muy en el fondo, esto nos confirma nuestros sentimientos, e incluso más en el fondo, nos confirma que existimos.

Se cree que la interrupción en el desarrollo de este proceso reflexivo se encuentra relacionada al narcicismo en etapas posteriores de la vida; puede que una persona no pare de buscar validación externa, viendo a los demás no como individuos, sino como meras herramientas para confirmar su propio ego (¡espejos!), o como personajes secundarios en una obra monumental donde el narcisista es el personaje principal y, posiblemente, el único.

Cuando profundizamos, nos damos cuenta que la conversación es más que un simple intercambio de información, pues nos permite expresar muchas cosas importantes sobre lo que somos y lo que queremos ser, lo mucho que necesitamos ser vistos y reconocidos por los demás, e incluso lo mucho que necesitamos que las demás personas nos ayuden a definir nuestra identidad y experiencia; todo esto a través del acto de escucharnos.

¿Has tenido alguna vez la sensación genuina de que sincerarte con alguien te ha ayudado a entender mejor tu problema? Intenta ofrecerle la misma sensación a la próxima persona a la que decidas escuchar con atención. Adopta un enfoque de "Te estoy prestando atención. Lo que dices y sientes es importante, al igual que tú". ¿Acaso no es gracioso cuánto anhelamos este tipo de atención y validación, pero somos incapaces de tener la misma cortesía con los demás?

Esta actitud tan básica facilita mucho el proceso de involucrarse de forma genuina con el interlocutor, a diferencia de estudiar un montón de técnicas y frases esperando que su aplicación te inspire a ser un mejor oyente en todos los ámbitos. Un buen desafío podría ser el entrenar para eliminar tu ego de la ecuación.

Intenta dedicarte por un día entero a escuchar a los demás. Conviértete en un investigador apasionado y curioso de la condición humana. Brinda la más dedicada y acogedora de las atenciones a las personas con las que te involucras. Podrías descubrir, por muy contradictorio que parezca, ¡que resultarás más agradable de lo que hubieras sido al intentar impresionar a los demás!

Otro enfoque es imaginar que ni tú ni tu interlocutor son actores importantes, sino que es la conversación en sí lo que realmente importa. Ver a ambos interlocutores como un par de comadrones, quienes colaboran entre sí para traer al mundo a una idea perfeccionada o mejor comprendida, una nueva opinión, o una mayor compenetración entre los interlocutores. Escucha lo que te dicen, corresponde a la interacción y agrégale un "interés" adicional (¿notaste el doble sentido?) para demostrar cuánto valoraste la inversión original. Incentiva a tu interlocutor a acompañarte en este fascinante proceso de trabajar en equipo para construir algo que sea de ambos.

Puedes aportar a la conversación de diversas formas. Intenta extrapolar; tomar lo que se ha dicho y extender la idea, preguntando lo que ocurrirá a continuación o siguiendo la secuencia de ideas hacia su conclusión natural:

"Bueno, estoy harto del trabajo docente, pero tampoco tengo el más mínimo deseo de regresar a mi antiguo empleo..."

"¿Quiere decir que estás pensando dedicarte a algo completamente distinto?"

Otra forma de aportar es sintetizando: tomar dos ideas distintas y combinarlas a conciencia. La idea es que el resultado sería más grande que la mera suma de sus partes. En otras palabras, crearás una perspectiva más amplia y valiosa que si consideraras cada aspecto de forma individual. Una buena forma de aplicar esto es abandonando la dicotomía y adoptando un enfoque orientado a la combinación de ideas:

"¡Por un lado está mama diciéndome algo, y por el otro mis amigos diciéndome otra cosa, y no sé a quién escuchar!"

"¿Has considerado no hacerle caso a ninguno?"

De ser posible, evita usar la palabra "pero" y reemplázala con "y". Cuando dices "pero", estás cancelando indefectiblemente lo que dijiste antes, y enfatizando lo que dirás a continuación. Cuando usas la conjunción "y", realizas un sutil cambio hacia una perspectiva más abierta, sobre todo cuando le expresas tu opinión a alguien u ofreces un comentario que podría ser visto como una crítica, por ejemplo:

"¿Qué te pareció mi cuento?"
"¡Me encanta! Sobre todo el final. Y me pareció mucho más emocionante que el inicio". (Compara esto con "¡Me encanta! Pero me gustó más el final que el principio").

La reflexión es tanto causa como efecto de crear un vínculo emocional con nuestro interlocutor. Por naturaleza, las personas imitan y reflejan el tono de voz, lenguaje, postura y otros rasgos de las personas con las que están intimando. Sin embargo, también puedes usar la imitación y reflexión para incentivar la intimidad. Al usar las mismas palabras, descripciones o tono de voz, le demuestras al hablante que estás de "su lado" y que te interesa desarrollar intimidad entre ambos.

"¡Cómo apesta la lección!". (Dicho por un estudiante adolescente a su profesor).
"*¿En serio?* Bueno, ¿qué es lo que apesta exactamente?"

Usar el mismo lenguaje genera un entendimiento mucho mayor que limitarse decir: "Si no estás satisfecho con la lección, puede que debas planteárselo al director". Responder a un tono casual con uno formal y rebuscado solo servirá para aumentar la distancia entre los interlocutores, y, en este diálogo en particular, ¡es muy poco probable que infunda la sensación de tener un objetivo en común!

Por supuesto, la reflexión no solo tiene que ser verbal. Una persona que te cuenta una historia triste con un tono de voz lento y serio, probablemente apreciará si adoptas una actitud similar, en lugar de responderle con intensidad y emoción. De igual modo, el lenguaje corporal puede decir mucho, al igual que las expresiones faciales. Puede expresarse mucho mediante la simple acción de adoptar una postura similar a la de tu interlocutor. Si este se acerca, acércate un poco también, para demostrar tu aceptación no verbal. Si sonríe mientras relata una parte específica de la historia, sonreír con él es el equivalente no verbal a decir "ajá", y demuestra tu comprensión y empatía.

Algunas personas podrían incluso considerar un ligero cambio en el acento o tono de voz para resaltar lo que ambos interlocutores tienen en común (¡o enfatizar lo poco que se parecen, si eso es lo que buscas!). ¿Has notado que cuando dos compatriotas se encuentran en el país al que emigraron, es posible que lleguen a resaltar su acento nativo al charlar entre sí? Están indicándose de forma inconsciente: "Soy como tú. Somos amigos, estamos en sintonía". Sin embargo, también considera que si una persona lleva décadas viviendo en el extranjero pero se rehúsa de manera vehemente a adoptar el dialecto local ("¡se llama auto, no coche!"), dicha actitud tiene un significado.

Puede que una mujer simplifique de forma inconsciente su gramática y adopte un tono de voz más agudo cuando habla con un niño pequeño, pero hable con grandilocuencia cuando se dirige a los altos cargos de una empresa. Un doctor podría optar por usar un término en latín para referirse a una enfermedad común, específicamente porque quiere verse más inteligente e importante que su audiencia que no está familiarizada con el ámbito de la medicina. En conclusión, la empatía conversacional va mucho más allá de las palabras literales que se pronuncian.

Sin embargo, tomando todo lo anterior en cuenta, vale la pena recordar que la reflexión podría no siempre ser la mejor idea, y puede llegar a salir mal. Si reflejas algo inadecuado, podrías demostrar accidentalmente que no estabas prestando atención, trayendo consecuencias desafortunadas. Generalmente, esta metedura de pata puede solucionarse al solicitar más información u ofrecer una disculpa sincera, pero el mejor enfoque es avanzar poco a poco y evitar interpretaciones generalizadas de lo que te están contando. ¡A nadie le gusta sentir que lo están analizando o que le digan lo que está pensando!

Otro riesgo es la "exposición prematura", la cual se trata de mencionar un tema del que tu interlocutor no se siente cómodo para discutir, o aún no está listo para explorar (contigo o en general). En la conversación mostrada al inicio de esta sección, un oyente particularmente astuto podría decir: "Me pregunto si estás reconsiderando tu relación con el sujeto". Ese comentario podría ser "verdad" en cierto sentido, pero resulta un poco imprudente y mucho más íntimo de lo que el hablante podría estar dispuesto a discutir. Si esto ocurre, una respetuosa rectificación podría ayudar. Cambia el tema, o usa un poco de humor para realizar una transición elegante del tema sensible. Probablemente, ganarás más respeto y confianza al reconocer tu torpeza con prontitud y asumir la responsabilidad, que negándote a rectificar y siguiendo como si nada.

El "abandono emocional" es otro aspecto del que debemos tener cuidado. Supongamos que hiciste el comentario anterior y la otra persona, confiando en ti, te sigue la corriente. Puede que se sincere aún más, compartiendo algunos detalles personales, y mostrando su lado más vulnerable. Si te limitas a asentir y escuchar, para luego sugerir que vayan por una taza de café y cambiar el tema bruscamente, tu interlocutor podría sentirse abandonado, como si los hubiese hecho entrar en aguas profundas y, una vez allí, lo hubieses abandonado, totalmente expuesto. Los psicólogos que incitan al cliente a hablar sobre temas desagradables solo para luego anunciarle con jovialidad que la sesión ha terminado, apresurándose a mostrarle la salida a un cliente que aún muestra lágrimas en el rostro…. ¡están cometiendo abandono emocional!

Por último, todos deberíamos recordar que ser un buen oyente no implica actuar como el psicólogo de nuestro interlocutor, y que podríamos excedernos al psicoanalizarlo o al intentar hacer teorías y explicaciones rimbombantes que nuestro interlocutor considere erróneas. No leas la mente, no supongas, y no proyectes tu propia historia en los demás; esto no parecerá empatía, sino una intrusión.

Como oyente, te interesa acompañar a tu interlocutor mientras saca sus propias conclusiones, en lugar de asumir que eres sabio, omnisciente y que tú puedes *enseñarle* algo a él. Intenta identificar las emociones de tu interlocutor o, con toda la amabilidad del mundo, sugiere posibles conexiones o interpretaciones, pero usando un tono suave. Evita decir cosas como "Qué típico de tu parte. Estás obsesionada con un *tipo* específico de hombre, y son tus problemas paternos los que te impulsan a ir detrás de dicha clase de hombres, ¿no es así? Apuesto que estás furiosa". En lugar de ello, limítate a decir: "Cielos, no puedo ni imaginarme cómo te sientes. Pero, ¿qué interpretas de todo esto?"

Algunos de los peores conversadores del mundo son aquellos que están muy seguros de ser buenos oyentes, y que inconscientemente usan la "empatía" para dominar la conversación y alimentar su ego de forma indirecta. ¡No caigas en su trampa!

Moralejas:

- Escuchar no es una actividad pasiva en lo más mínimo. Bueno, podría serlo, pero eso no haría más que implicar que no lo estás haciendo bien. Podría decirse que la escucha atenta y genuina es un acto extremadamente activo, ¡a tal punto que resulta agotador para el oyente! ¿Sorprendido? Esto se debe a que el propósito de la escucha atenta y genuina es *llegar a un destino* con tu interlocutor, y esto implica descifrar, en primer lugar, hacia donde se dirigen. Es una labor que requiere de mucha comprensión, aclaración y resolución de pequeños misterios. Se parece un poco a la labor del terapeuta, la cual consiste en descifrar emociones y situaciones.

- Con este propósito en mente, llegamos al concepto de la escucha activa. Es una forma de participar en las conversaciones mientras ocupamos el papel de oyente. La mayoría podría pensar que esto no implica más que guardar silencio, pero estarían cometiendo un error. En este libro, se explican nueve tipos de respuestas en el ámbito de la escucha activa, las cuales deben ser empleadas al intentar establecer una conexión íntima con nuestro interlocutor: comprender, retener, responder, parafrasear, reflejar, identificar emociones, indagar con preguntas que fomenten la conversación, y guardar silencio. El siguiente nivel de la escucha activa podría denominarse "reflexión empática", y es aquí donde el oyente se concentra en el ámbito emocional, a tal punto que intenta predecir lo que el hablante está sintiendo, y lo comparte con él.

Capítulo 4. Reconociendo y comprendiendo al hablante

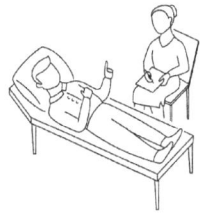

Adentrándonos más allá de los estilos conversacionales, frases específicas y demás, llegamos a la que es, quizá, la función más profunda de cualquier acto comunicativo: ser visto, escuchado, comprendido y validado por nuestro interlocutor, y, además, devolverle el favor. Ser capaz de escuchar sin juzgar, sin tratar de "arreglar" el problema, sin cambiar lo que la otra persona siente o sin precipitarnos a imponer nuestro punto de vista se logra a través de la empatía.

A ciencia cierta, ¿qué es la comunicación? Cuando dos personas se reúnen a intercambiar algún tipo de información, ¿qué es lo que ocurre realmente entre ellos? Todos y cada uno de nosotros nos encontramos inmersos en nuestro mundo, familia, comunidad y cultura. Estamos separados y a la vez conectados. ¿Qué es lo que nos conecta? La comunicación.

La comunicación se divide en tres partes: el emisor del mensaje, el receptor del mensaje, y el mensaje en sí. Si algo sale mal en alguna de estas tres áreas, la comunicación fallará. Si el hablante no se está expresando de forma correcta, si el oyente no quiere prestar la debida atención, o si el mensaje es transmitido de una forma que no será escuchado, la comunicación simplemente no ocurrirá.

Para ser buenos comunicadores, necesitamos dos cosas: entender quién es nuestro interlocutor, y hallar la forma directa de resultarle agradable. La empatía es lo que nos ayuda a lograr la primera parte: entender a nuestra audiencia. ¿Con quién estamos hablando? ¿Cómo se comunica esta persona, y por qué? ¿Qué espera lograr y qué le interesa? ¿Cómo te percibe dentro de la conversación? Plantear estas preguntas implica que puedes adaptar no solo lo que dices, sino cómo lo dices. Además, nada de esto puede lograrse sin empatía, o, en otras palabras, ponerse en los zapatos de tu interlocutor.

La empatía une a las personas, disuelve conflictos y malentendidos, enriquece nuestra experiencia y nos hace sentir escuchados y comprendidos. La auténtica empatía resuelve conflictos y fomenta una mayor intimidad. La denominada "comunicación no violenta" se basa en el principio de intentar entender la realidad emocional de la persona, en lugar de negarla, cambiarla, juzgarla, elogiarla, explicarla o asumir la responsabilidad de ella. Aunque suene estupendo, requiere de mucha práctica. Analiza la siguiente conversación.

Comentarios innecesarios

"La extraño mucho. Sé que ya debería haberla superado, pero supongo que cuando falleció quedé en una especie de shock, y siento que apenas estoy comenzando a procesar las cosas…"
"Parece que estás pasando un momento difícil".

"Sí, no lo sé. Algunos días estoy bien, pero, a decir verdad, no lo estoy sobrellevando de la mejor manera".
"Mmm. Recuerdo cuando mamá murió, estuve desconsolado por un año entero. Sin embargo, en retrospectiva, creo que en ciertos aspectos también fue algo positivo, ¿sabes?"

"¿Algo positivo?"
"Aprendí muchas cosas de mí mismo durante el proceso".

"Supongo".
"Deberías acompañarme al kickboxing. Descubrí que la actividad física es de mucha ayuda, ¡hay que poner el corazón a funcionar!"

"Puede ser... Para ser honesto, lo que quiero es tomarme un tiempo para llorar".
"Oye... anímate. Sé cómo te sientes. Limítate a recordar los buenos momentos. Lo estás haciendo muy bien. Me siento orgulloso de ti por intentar mantenerte positivo en todo este proceso. No lo sé, a veces la vida obra de maneras misteriosas..."

Aunque puede que la conversación termine con ambos interlocutores sintiendo que el oyente actuó con empatía y se esmeró en ayudar, es probable que el hablante nunca se haya sentido *escuchado* de verdad. Cuando alguien nos importa, puede llegar a ser difícil escuchar y reconocer sus emociones "negativas", y puede que ni siquiera notemos cómo nos precipitamos a intentar arreglar, solucionar y explicar el problema. Puede que nos cueste enfrentar nuestras propias emociones negativas, y por ello nos cuesta aún más enfrentar las de otro. Puede que realmente pensemos que estamos ofreciendo lo que nuestro interlocutor necesita. Aunque la intención podría ser buena, el mensaje implícito es: *tus sentimientos no son válidos.*

El oyente del ejemplo anterior ofrece un consejo, e intenta animar al hablante con sugerencias superficiales, como si guardase distancia de su dolor, reacio a reconocerlo o acercarse a él. Irónicamente, el insistir tanto en la positividad no hace más resaltar la negatividad, y el hablante podría sentirse incluso más triste y solo de lo que lo hacía antes de iniciar la conversación.

Para usar la empatía con sabiduría, intenta escuchar sin juzgar (aunque es más fácil decirlo que hacerlo). No interpretes o expliques, no supongas o justifiques. No asumas la responsabilidad de consolar a la otra persona, no culpes, no te sientas culpable. Puede que te preguntes: "Pero bueno, ¿qué otra cosa puedo hacer?". La respuesta es sencilla: limítate a escuchar y aceptar lo que te están expresando.

Despierta tu curiosidad hacia lo que de verdad se está comunicando, saca tu ego de la ecuación por un momento, y limítate a prestar atención a lo que se está diciendo, sin apresurar la conversación. Concéntrate en el presente e intenta *entender* lo que quiere decir el hablante, desde el punto de vista emocional. Si necesitas abordar algún otro tema, ya habrá tiempo para ello, pero acelerar el proceso (como generalmente queremos) causa la sensación de no estar escuchando al hablante.

No te enfrasques en los hechos o en el argumento lógico del tema planteado. Por el contrario, escucha con tu "corazón" y presta atención al contenido emocional. ¿Cómo se siente el hablante? ¿Cuáles son sus deseos, temores, necesidades? Olvídate por completo de quién tiene la razón y quién la culpa. Adéntrate con tu interlocutor en su propio mundo. No tienes que agobiarte con sus emociones, pero sí que puedes intentar ponerte en sus zapatos por un momento.

Una comprensión genuina puede ser mucho más reconfortante que un consejo o una solución (que por lo general ignoran el conflicto real).

Ser un comunicador empático es tener madurez emocional y sentirte cómodo con las emociones, independientemente de su naturaleza. Es la habilidad de ser lo suficientemente vulnerables como para sentir, en lugar de huir de las emociones, aferrarnos a la búsqueda de una solución o evitar sentirnos incómodos a como dé lugar. De hecho, mientras mayor sea tu tolerancia a la incomodidad, y no intentes solucionarla o negarla, mayor será tu capacidad de infundir esta sensación a los demás.

Las personas en duelo han llegado a afirmar cuánto empeora su estado de ánimo al recibir una respuesta inoportuna o evasiva a su dolor. Lo que realmente desean en el momento es que su realidad les sea reflejada de forma honesta y sin tapujos. Desean que alguien les diga "Qué dolor. Puedo notar cuánto duele", y que se limite a acompañarles, haciéndole saber que no están solos.

Un buen hábito a desarrollar es evitar someter las palabras de tu interlocutor a tu propio filtro de opinión, donde concluyes internamente lo que *tú* opinas del tema. Podrías concluir que tu interlocutor está exagerando o atenuando la situación, o reaccionando a la misma de una forma en la que tú no lo harías. Podrías comenzar a reflexionar sobre quién es el bueno y quién es el malo de la historia, o cuestionar para tus adentros la veracidad de los hechos que te están relatando.

Puede que asumas el rol de científico o investigador e intentes resolver el misterio, identificar al villano o concluir quién tiene la culpa y por qué, o qué detalles faltan en la historia. Alternativamente, podrías asumir el papel de madre o enfermera y concluir que tales sentimientos negativos son inaceptables y que tu trabajo es "curar" a tu interlocutor, animarlo o sermonearlo por hacerte sentir infeliz…

Sin embargo, todo esto es irrelevante, porque gira en torno a *ti*, y no a *tu interlocutor*. Tu postura no importa en este momento. Suspende todos tus prejuicios, ideas y opiniones para involucrarte de lleno en su mundo. ¿Cómo se siente estar en sus zapatos en este momento? No te limites a imaginarte en la situación de tu interlocutor, imagínalo a él en dicha situación.

Otra buena idea es brindarle a la persona suficiente tiempo para hablar y expresarse, sin apresurar la conversación a una conclusión o resumen. Aunque se haga de forma sutil, esto podría dar a entender que el oyente quiere terminar la conversación lo más rápido posible, y puede llegar a invalidar los sentimientos del hablante en gran medida. Cuando alguien te comparte sus sentimientos y respondes con un simple resumen, le envías el mensaje de que no estás disponible para seguirle escuchando, y que lo que realmente quieres es que deje de sentirse como lo hace y siga adelante.

No te adelantes a la conversación ni intentes imponer una interpretación, conclusión o solución antes de que el hablante llegue a tal resolución a su propio ritmo. Esto enviará el mensaje de que tu interés es genuino. Deja que sea tu hablante quien establezca el tono y el ritmo, y adóptalos con total empatía. Si realizas preguntas abiertas, reflejas lo que siente o das muestras de apoyo, es probable que el hablante se sienta escuchado, mientras que las preguntas dicotómicas pueden hacer ver que estás más interesado en orientar al hablante en una dirección específica que en permitirle expresar lo que siente.

Puede que nunca notes la manera sutil en la que le expresas a tu interlocutor que, en realidad, no valoras su experiencia emocional y no estás prestando atención, incluso si te estás esmerando en ser un mejor oyente. En ocasiones, no nos percatamos de las veces que iniciamos un diálogo con ideas preconcebidas sobre cómo debería desarrollarse la conversación, lo que nuestro interlocutor debería decir, e incluso el rol que deberíamos ocupar para él. Es probable que hayas estado a merced de alguien que realmente creía ser un "buen oyente", pero, a decir verdad, sentiste que solo estaba tomando tu experiencia y adaptándola a la propia.

Un buen oyente es, por encima de todo, franco y receptivo, y no tiene miedo a involucrarse de lleno en el mundo de otra persona, acompañándola a explorar sus sentimientos, sean cuales sean, sin permitir que el propio ego entorpezca la tarea. Si reflexionas al respecto, notarás que este fenómeno es tan extraño en la sociedad actual, que si logras transmitírselo con éxito a una persona vulnerable, es probable que te ganes su confianza para siempre y refuerces dicha relación de manera considerable.

Cuando dudes, piensa en todas las veces que has querido hablar y compartir tu experiencia emocional con otra persona. En ese momento, ¿querías que tu interlocutor analizase tus palabras con psicología popular? ¿Querías escuchar su opinión sobre lo que estabas haciendo mal y cómo solucionarlo? ¿Querías que perdiese los nervios y se sintiese incómodo, de manera que tú te sintieses culpable por hacerlo sentir mal *a él*? ¿Querías que comprobase la veracidad de tu historia, te dijese que estabas exagerando, o defendiese a un tercero? ¿O acaso hubieses agradecido de corazón un simple: "Oye, pase lo que pase, estoy aquí para apoyarte. Cuéntame más".?

La validación

Cuando pensamos en la empatía, el no juzgar, y cederle el protagonismo a nuestro interlocutor, recuerda: esta no es una actividad del todo pasiva.

Al igual que la escucha activa, el proceso de lograr que las personas se sientan escuchadas se divide en distintas capas. La **validación** es la afirmación y aceptación verbal de las emociones y perspectivas de nuestro interlocutor. La validación es dar a entender que la experiencia y realidad de una persona son válidas, independientemente de la naturaleza de las mismas. En nuestro contexto, es una extensión de la escucha atenta y de tomar en cuenta tanto la conversación como la metaconversación que está teniendo lugar a nuestro alrededor.

El acto de escuchar con normalidad tiene que ver con el nivel consciente de la conversación, pero la validación satisface la necesidad emocional (la metaconversación) que se presenta cada vez que alguien abre la boca. Muchas veces, la validación es la razón principal que impulsa a la gente a buscar conversación. Aunque podría parecer lo contrario, el hablante no está buscando una solución, argumento o explicación. Solo quiere que alguien le confirme que no es una persona malvada o extraña, o que no está equivocado o solo por sentirse como lo hace.

A simple vista, la validación podría parecer un concepto que se reduce a asentir y responder de forma afirmativa cuando tu interlocutor así lo desee (no muy distinto a lo que implica la escucha activa), pero aunque suene relativamente sencillo, existen formas correctas e incorrectas de validación.

La validación es una de las prácticas de intercambio comunicativo más poderosas porque establece respeto entre los hablantes, independientemente de que sean viejos amigos o completos desconocidos. Anular los sentimientos de alguien (por mucha repulsión que nos causen) detiene el flujo de la conversación en el acto y separa a ambos interlocutores, poniendo en riesgo la relación.

La validación genuina, por el contrario, ayuda a que todos los involucrados en el proceso comunicativo salgan airosos. El receptor obtiene una confirmación de su humanidad, pero el emisor también enriquece su propia perspectiva y mejora su autoestima. La generosidad, confianza, y disposición para sincerarse surgen, y el proceso comunicativo pocas veces sale mal, cuando todos estos elementos están funcionando correctamente.

Analizándolo un paso más allá, las personas que se sienten validadas tienen mayores probabilidades de sincerarse y escucharte a *ti*, y pagarte con la misma sensación de validación. En el mundo actual, donde las personas están más divididas que nunca, la validación mutua puede ser el primer paso para solucionar algunas desavenencias arraigadas, y enmendar la desunión que surge de los conflictos o malentendidos.

Algunas investigaciones resumidas en un artículo publicado en el año 2010 por la Universidad de Rochester resaltaron los efectos sutiles y positivos de la validación en una relación exitosa. Es más que una forma de prestar atención o de mostrar respeto hacia los deseos de tu interlocutor. Ese es el primer paso a dar, pero la auténtica validación va mucho más allá de hacer que las personas se sientan aceptadas y escuchadas.

En uno de estos estudios, se les pidió a un grupo de participantes que pensaran en la mejor experiencia que habían tenido en los últimos tres años. Posteriormente, se formaron parejas y se les incentivó a contarle a su interlocutor sobre dicha experiencia. Sin embargo, lo que no sabían era que su interlocutor no era otro participante del estudio, sino alguien (un "cómplice", como lo llamaron los investigadores) que había sido capacitado para responder de forma favorable a la experiencia del hablante.

Otros participantes de la investigación fueron emparejados con cómplices, con la idea falsa de que estos también eran parte del estudio. Aunque en lugar de hablar sobre su experiencia positiva, participaron en una actividad "divertida" que involucraba dibujar.

Las respuestas de los encuestados tras el tercer experimento demostraron una dicotomía interesante. Los individuos que participaron en la actividad divertida reportaron que su compañero le resultaba más agradable y que habían disfrutado del rato compartido más que aquellos que se habían limitado a hablar. Sin embargo, aquellos que habían hablado sobre su experiencia y habían obtenido una respuesta de apoyo reportaron que *confiaban* más en su interlocutor y que tenían mayores probabilidades de ser honestos con respecto a sus ideas y sentimientos privados con dichos cómplices.

Tales afirmaciones causaron que los sujetos de la prueba se sintiesen incluso mejor sobre sus experiencias positivas. Se sentían más seguros de las estructuras básicas y cotidianas de sus vidas y, a cambio, exhibieron una excelente actitud. Además de la experiencia original, obtuvieron un nuevo nivel de satisfacción y valoración, y todo ello gracias a un acto relativamente simple de validación.

Vale la pena señalar que los eventos positivos que narraban los sujetos de estudio no eran los típicos logros importantes que suelen ser validados a nivel general; hitos que marcan un cambio en la vida de la persona, como una graduación, el matrimonio o la paternidad. La mayoría se trataba de experiencias o interacciones alegres, cosas cotidianas. Sin embargo, la validación de eventos triviales resultaba igual de importante para los sujetos, si acaso no más. Recibir comentarios de apoyo fomentó la confianza e intimidad, además de generosidad, como recompensa hacia el otro interlocutor.

Emociones a dos pasos

Puede que, en teoría, cualquier interacción verbal parezca simple, pero es posible que en ocasiones tengamos problemas para aplicarlas. Lo mismo ocurre con la validación: hay elementos que deben ser incluidos para que esta cumpla su función. Cuando alguien se sincera o expresa una emoción inmediata, busca que dicha emoción sea procesada y aceptada por su interlocutor. Esto no siempre ocurre.

Existen dos elementos principales en el acto de validación que definen su éxito.

Identificar la emoción. Aunque reconocer nuestras propias emociones sea una parte fundamental de nuestra salud mental, ser capaz de aplicarlo a los demás supone una gran ventaja para nuestras relaciones y vida social. La habilidad de verbalizar las emociones de nuestro interlocutor (antes de que él mismo tenga que decir "estoy molesto" o "estoy triste") abre paso a la validación positiva. Demuestra que estamos concentrados en lo que está comunicando, que estamos escuchando, y no solo *oyendo*.

"Veo que la situación te ha molestado mucho".

"Me pregunto si te estás sintiendo abrumado".

"¿Crees que sería acertado decir que te sientes en conflicto?"

Justificar la emoción. Una vez hayamos identificado la emoción de nuestro interlocutor, el siguiente paso es declararla como una reacción emocional adecuada (o al menos, comprensible): "Vaya, si estuviese en tu lugar, ¡me sentiría igual!". Esta acción establece una compatibilidad, y expresa que los sentimientos de nuestro interlocutor son exactamente los que tendría una persona racional en las mismas circunstancias. Esta acción expresa que estás teniendo la misma emoción que él, y resalta que su forma de sentirse y pensar está justificada.

Además, le expresa a nuestro interlocutor que sus emociones tienen sentido, y que son una reacción normal y justificable. De hecho, puede que las emociones experimentadas no sean positivas, pero eso no significa que esté mal sentirlas.

"Entiendo por completo tus razones".

"Cuando lo explicas así, tus acciones cobran sentido".

"No me sorprende que estés agotado".

"¡Tu opinión es completamente normal y comprensible!"

Justificar los sentimientos de tu interlocutor es un elemento mucho más importante que ofrecer un consejo instantáneo sobre qué hacer. Primero quiere sentir que empatizas con su problema, antes de escuchar las medidas correctivas que debería tomar (si acaso quiere escucharlas).

Si no empiezas por reconocer sus emociones, incluso el consejo más acertado y de buenas intenciones no haría más que expresar que el hablante ha actuado mal o que es el principal responsable de su estado emocional actual. Antes de darle un consejo, necesitamos conectarlos con él a un nivel emocional y empático. Esto hará que, más adelante, proponer una solución resulte más sencillo y alentador. Muchas veces, un acto de validación, y no un consejo, es lo que las personas realmente buscan en la interacción. El hablante ya *sabe* lo que tiene que hacer, solo desea que alguien más escuche su experiencia y le ayude a reflejarla.

Esto nos indica que el apoyo emocional es más importante que brindar una lista de acciones para solucionar el problema o sanar las heridas de nuestro interlocutor; de hecho, sentirse mejor respecto a un tema es *mucho más* importante que saber cómo solucionarlo.

¿Cómo funcionan estos dos elementos en la comunicación real? Primero, imaginemos un escenario *infructuoso*:

> *Interlocutor 1:* "¡No puedo creerlo! ¡Me están lloviendo críticas en la

oficina por algo que el jefe me ordenó hacer! ¡Sabía que era mala idea, protesté, me obligaron a hacerlo, lo arruiné olímpicamente, y ahora el jefe dice que debo trabajar horas extra el fin de semana para dejarlo todo como estaba!"

Interlocutor 2: "Te advertí que el lugar era un desastre antes de que aceptases el empleo. No debería sorprenderte que esté pasando esto".

Interlocutor 1: "Cielos, gracias por hacerme sentir peor".

Interlocutor 2: "No fui yo quien decidió incursionar en el negocio de la funeraria. No me mires a mí. ¿Por qué no buscas otro empleo?"

¿Qué tiene de malo la respuesta del Interlocutor 2? Básicamente, todo. El Interlocutor 1 sentía rabia ante lo que percibía como una injusticia. Le molestaba no le tomasen en serio en el trabajo y que luego le diesen una patada cuando las cosas salieron mal. El Interlocutor 2, básicamente, está haciendo lo mismo. Al recordarle al

Interlocutor 1 que ya "se lo había advertido", el Interlocutor 2 tampoco se está tomando en serio sus sentimientos. Juzga al Interlocutor 1 por tomar la decisión equivocada, e implica que no debería estar molesto, pues, básicamente, él es el único responsable de su situación actual.

He aquí otro ejemplo:

Persona A: "Oye, ¡el productor me contactó y me dijo que está interesado en mi canción! ¡Es increíble! ¡Nunca había estado tan emocionado en mi vida!"

Persona B: "Oye, oye, tranquilízate. ¿Qué fue lo que te dijo exactamente?"

Persona A: "¡Solo que la canción tenía mucho valor comercial y que quería charlar conmigo sobre una posible asociación! Qué emoción, ¡¿no?!"

Persona B: "Sí, suena estupendo, pero estás seguro de que no es un fraude, ¿cierto? Tienes que controlar tus expectativas. No me gustaría que te lleves un chasco".

Es evidente cómo le cortan las alas a la Persona A, ¿no es así? En el ejemplo anterior, podemos ver que también es claramente posible invalidar los sentimientos positivos. Básicamente, la Persona B le ha expresado a la Persona A que su emoción y felicidad no son "correctas" o son excesivas; en otras palabras, inválidas. Minimiza la emoción e intenta decirle a la Persona A lo que *debería* sentir (¡Menudo cretino!).

Démosle un vistazo a una versión actualizada de los mismos diálogos, los cuales cumplen mucho mejor su función:

Interlocutor 1: "¡No puedo creerlo! ¡Me están lloviendo críticas en la oficina por algo que el jefe me ordenó hacer! ¡Sabía que era mala idea, protesté, me obligaron a hacerlo, lo arruiné olímpicamente, y ahora el jefe dice que debo trabajar horas extra el fin de semana para dejarlo todo como estaba!"

Interlocutor 2: "¿De verdad te hicieron eso? ¡No! ¡Qué exasperante! Yo también estaría furioso.

Interlocutor 1: "Es que siento que ahí no tengo control alguno sobre mi propio destino".

Interlocutor 2: "Debe ser muy desalentador. No creo que, en tu situación, sea posible sentirse de otra manera, mucho menos en una funeraria".

En este diálogo, el Interlocutor 2 hace un trabajo mucho mejor en validar la experiencia del Interlocutor 1. Ha logrado identificar lo que el Interlocutor 1 está sintiendo, en este caso, ira ("¡Qué exasperante!"). Posteriormente, dejó claro que dicha emoción resultaba apropiada y comprensible, y que era exactamente como cualquier otra persona se sentiría en la misma situación ("Yo también estaría furioso"). Posteriormente, el Interlocutor 2 repite el proceso en la última intervención: el Interlocutor 1 se siente "desalentado", y cualquier persona en las mismas circunstancias se sentiría y actuaría de la misma forma.

Fíjate que en el segundo intercambio, el Interlocutor 2 no intenta solucionar el problema ni toma necesariamente *grandes* medidas para consolar al Interlocutor 1. El Interlocutor 1 necesita sentirse furioso en ese momento; es una emoción justificable. Si el Interlocutor 2 hubiese intentado imponer una solución al dar un consejo o una sugerencia, hubiese interrumpido el proceso emocional del Interlocutor 1. Hubiese supuesto un esfuerzo para evitar que el Interlocutor 1 se sintiese de una forma que, a decir verdad, resultaba completamente justificable.

Lo más importante es que el Interlocutor 1 se sienta validado con la respuesta; que sienta comprensión y empatía de parte de su interlocutor. Esto aumenta el nivel de calidad del acto comunicativo. Si más adelante existe alguna forma mediante la cual el Interlocutor 2 puede ofrecer apoyo o mediar una solución, ¡fantástico! Sin embargo, si fallamos en validar los sentimientos de nuestro interlocutor, nuestro esfuerzo no valdrá de nada. Incluso si sabes el paso que debería darse y opinas que tu interlocutor está actuando de forma estúpida al adoptar una actitud contraproducente, míralo de esta forma: no lo entenderá a menos que lo diga él mismo. Por lo tanto, debes seguirle la corriente e involucrarte hasta cierto grado en su drama, con el propósito de lograr validar lo que siente y orientarlo hacia el apoyo emocional que necesita, y, posiblemente, incluso hacia una solución.

Démosle un vistazo a la segunda conversación, modificada con un mayor grado de validación:

Persona A: "Oye, ¡el productor me contactó y me dijo que está interesado en mi canción! ¡Es increíble! ¡Nunca había estado tan emocionado en mi vida!"

Persona B: "¡Vaya! ¿En serio? Cuéntame más".

Persona A: "¡Dice que la canción tiene mucho valor comercial y que quiere charlar conmigo sobre una posible asociación! Qué emoción, ¡¿no?!"

Persona B: "Ja, ja, ja, excelente. Veo que estás muy emocionado, ¡qué estupendo! Cualquiera estaría saltando de alegría".

En este caso, la situación emocional de la Persona A no está siendo invalidada, sino reconocida, validada, y reflejada. Fíjate cómo la Persona B también está adoptando la misma "energía" de la Persona A. En esta versión, es probable que la Persona A sienta mucho apoyo y aliento.

Por otro lado, si la Persona B tenía algunas dudas, podía expresarlas luego, de acuerdo a lo que resultase más apropiado. Sin embargo, el objetivo de esta conversación no es más que validar y brindar compañía. Discutir los detalles podría ser el objetivo de una conversación posterior.

Respuestas de validación

En el primer ejemplo, unos párrafos más arriba, las respuestas del Interlocutor 2 resultan inapropiadas porque entorpecen las emociones legítimas del Interlocutor 1. Por algún motivo, el Interlocutor 2 no quiere dedicarle tiempo al Interlocutor 1; simple y llanamente no quiere lidiar con este. Por lo tanto, la reacción maleducada, brusca y cruel no hace más que empeorar una situación que de por sí ya era bastante mala.

Sin embargo, no todas las respuestas de este tipo son malintencionadas; es posible que, sin percatarnos de ellos, invalidemos los sentimientos de nuestro interlocutor con buenas intenciones. Algunas de las respuestas más inofensivas que ofrecemos ante el caos emocional de una persona pueden lastimarla sin que nos percatemos de ello. Esto es, probablemente, lo que la mayoría hacemos cuando *creemos* estar validando; de hecho, estamos empeorando la situación.

Por ejemplo, cuando consolamos a alguien por una situación que lo hace sentir ansioso o nervioso, podríamos decir algo como "No te preocupes" o "No deberías sentirte así". Y puede que lo digamos con un tono alentador y con el propósito de consolarlo. Tenemos buena intención. Otras frases que tienen buena intención, pero transmiten invalidación, son:

"Oh, ¡pronto cambiarás de parecer!"

"Shh, todo estará bien".

"Por ahora, no pensemos en eso".

"Vamos, anímate".

"Oye, ¡eres mucho mejor que eso!"

"No seas tonto, ¿por qué habrías de tener miedo?"

"Oh, no lo dices en serio, solo estás cansado".

Sin embargo, tales respuestas, en realidad, resultan invalidantes. Tu interlocutor *está* preocupado por la situación; *ya* se siente así. Decirle a alguien que no está actuando de la forma más eficiente le niega el derecho a experimentar sus propios sentimientos. Incluso si lo dices por amabilidad, tu interlocutor podría percibirlo como una invalidación de sus sentimientos perfectamente normales. Simplemente, son comentarios que carecen de utilidad; sería como decirle a alguien: *"Oye, crece un poco más y ya está"*.

Una respuesta alternativa que valida con éxito a tu interlocutor puede ser: "Siento que estás preocupado por la situación". Esta respuesta le afirma al interlocutor que sus preocupaciones son reales y que su actitud es razonable. Recuerda, tu objetivo es identificar emociones y luego justificarlas, nada más. No tienes que evaluar dichas emociones o decidir si están bien o mal. No tienes que autorizar su existencia o comparar dichas emociones con las tuyas. Solo debes escuchar y aceptar.

Otra respuesta invalidante e inútil es *"Lamento mucho que te sientas así"*. Podrías pensar que la frase "Lo lamento mucho" es una forma de empatía. Y, en cierta forma, puede que lo sea. Sin embargo, también puede ser interpretada como un sentimiento vacío. Si alguien queda desempleado, desalojado, postrado a causa de una enfermedad, o sufre algún daño o suceso terrible, decir "Lo lamento mucho" no basta. Al decirte que "lamentas mucho" que alguien esté atravesando un lío emocional (que "se sienta así"), también estás sugiriendo que *debería* sentirse de otra forma, pero no lo hace. Si *debería* o no sentirse una forma específica es irrelevante, pues no puede cambiar lo que ya siente.

Una mejor opción para incentivar la validación sería *"Entiendo por qué te sientes así. Creo que cualquiera se sentiría igual en tu lugar".* Recuerda, la validación se trata de expresar que la experiencia de tu interlocutor es válida y tiene sentido. Explicar que tiene derecho a sentir inquietud y que tal emoción resulta normal, le ayuda a relajarse y a establecer un vínculo con el resto del mundo: no es el único que se siente así. Incluso si crees que tú *no* te sentirías así, es importante demostrar que otros *sí podrían* hacerlo. (Además, puede que no sepas a ciencia cierta cómo te sentirías en dicha situación; probablemente aún no la hayas atravesado).

De igual forma, respuestas como "Al menos no..." o "Podría ser peor" implica que las preocupaciones de tu interlocutor son ilógicas o infundadas. Las emociones nunca son lógicas, pero *son* reales. Quizá el problema *pueda* ser peor, ¿pero qué diferencia hace dentro del sentido subjetivo de la realidad de una persona? Si un tiburón blanco te estuviese mordiendo la pierna, y alguien te dijese que al menos no te está mordiendo *ambas* piernas, eso no contribuiría mucho a que dejes de sentir el dolor, ¿o sí? Comparar de forma objetiva la situación actual con un peor escenario sirve para poner a la persona preocupada "en su lugar", incluso si la intención del oyente era hacerla sentir mejor a corto plazo. Sin embargo, estas no son más que formas amigables de marginalizar, y una forma de decir: "Tus emociones son excesivas". El derecho de juzgar si una situación puede o no ser peor le pertenece al dueño de las emociones. Cuando intentamos clasificar y evaluar las emociones, lo único que logramos es juzgar a nuestro interlocutor.

En esta situación, una respuesta de validación apropiada puede hacer que el oyente sienta que le están tomando en serio: *"Has sufrido mucho"* o *"Cuéntame más de lo que sientes"*. Tales respuestas reconocen la envergadura de los problemas del interlocutor, tranquilizándolo al hacerle saber que estás dispuesto a tomar sus problemas en serio y no quieres minimizar la intensidad de sus emociones.

Los rechazos totales no son solo invalidaciones, sino reproches con todas las de la ley. *"¡No voy a discutir por esto!"*. Esto resulta invalidante porque corta la comunicación de forma directa e incluso expresa que las preocupaciones de tu interlocutor no valen la pena. Al decir esto, el hablante impone un límite a la comunicación; obviamente, hay temas que no está dispuesto a discutir contigo, mientras que un amigo o interlocutor más íntimo tendría la libertad de hablar de lo que sea. Imagina cómo se siente presentarle una emoción a alguien más, intentando compartírsela, y esta persona, básicamente, ¡huye despavorida!

Una mejor respuesta sería *"¿Te gustaría un poco de ayuda para resolver el problema"* o (una vez más) *"Cuéntame más de lo que sientes"*. Esto ayuda a tu interlocutor a sentir que tiene, sino una solución definitiva, al menos una vía disponible para dar con una mejor conclusión. Le hace saber que su problema es importante, y que, como persona, vale la pena, y que merece una solución a dicho problema.

Si crees que te estoy sugiriendo ejercer extrema cautela cuando tratas con las emociones de otra persona y se te escapa una de estas respuestas, no es así. Incluso cuando llegues al final del libro, volverás a dar una de estas respuestas. Y, para ser honesto, yo también, pues aunque ambos tenemos buenas intenciones, somos seres humanos que cometen errores.

Sin embargo, ten cuidado de que estas respuestas sean invalidaciones, las cuales deberían ser rápidamente corregidas con afirmaciones de validación. Recuerda que estás intentando formar una conexión y mejorar el flujo de la comunicación. Esto facilitará la transición al acto de validación. Si metes la pata, puedes enmendar las cosas en el acto si asumes tu función y restableces la conexión de inmediato. "Ups, creo que no me expresé bien. Disculpa. ¡A veces me dejo llevar cuando quiero ayudar! Por favor, vuélveme a contar sobre..."

Los seis pasos de la validación

Aprender los seis pasos de la validación, tal como los describe Kate Thieda, podría ser un buen punto de inicio para aquellos que nos gusta dividir los procesos en pasos. Cuando tu amigo o pareja se encuentra en un estado vulnerable y te pide ayuda, estas son las etapas y el orden que deberías seguir para escucharle y comunicarte con él de forma eficiente.

1. Estar presente. Primero que nada, participa en el encuentro. Este es el paso más sencillo y a la vez más complicado. No solo implica estar presente desde el punto de vista físico y mantener el contacto visual. Estar presente hace referencia, de hecho, a dos pasos más pequeños: dedicarle a tu interlocutor tu atención absoluta, y luego mostrarte cortés y comprensivo en cuanto al hecho de que está lidiando con emociones intensas.

La primera parte es física: no implica más que eliminar las distracciones. Desactiva tu teléfono, apaga el televisor, y reduce la música a un murmullo de fondo. (También podrías simplemente apagarla, pero algo de música relajante podría adecuar el ambiente para la comunicación).

Esto resulta evidentemente más complicado en un espacio público; si es posible trasladarse a un lugar más tranquilo, hazlo. SI no, intenta evitar las distracciones al mantener concentración visual en tu interlocutor y acercándote para escuchar si es necesario. Inclina tu cuerpo en su dirección y utiliza gestos, posturas y expresiones faciales que reflejen disposición y receptividad.

La secunda parte implica aceptar los sentimientos intensos de tu interlocutor (demostrándolo de forma sensible). Podemos reaccionar demasiado rápido ante una demostración de emociones intensas, y es aceptable que, al principio, nos sobresaltemos en presencia de alguien iracundo o deprimido. Sin embargo, en cuanto se desvanezca el impacto, resulta crucial hacerle saber a tu interlocutor que aceptarás sus emociones tal y como son. Puedes lograr esto con una pregunta abierta: "Cuéntame qué ocurre", "¿Qué sientes ahora mismo?" o "¿Puedes contarme lo que ocurrió?". También deberías estar atento a tus expresiones visuales o faciales, y suavizarlas para hacerle saber a tu interlocutor que estás dispuesto a escucharle y no piensas juzgarle.

Lo que te interesa es crear un ambiente donde la otra persona pueda contar su historia como es debido, sin interrupciones, interpretaciones o contradicciones. Un excelente consejo es realizar una pausa intencional durante unos segundos cuando termine su intervención, y permitir que el silencio le diga que no estás desesperado por dar tu propia respuesta o reacción, sino que de verdad estás escuchando con atención. El silencio es una excelente herramienta; cuando lo combinas con atención genuina, puedes incentivar a tu interlocutor a sincerarse y contar más.

2. Reflexión exacta. Tras haber escuchado como tu interlocutor explicaba los hechos, el siguiente paso es demostrar que estás concentrado en su bienestar y en tratar de entender lo que siente. Es allí cuando intentas reflejar de forma precisa lo recién expresado. La reflexión puede darse de muchas formas, pero todas ellas son afirmaciones verbales que reflejan las emociones expresadas por tu interlocutor, proporcionan contexto y les asegura que comprendes sus sentimientos. *"Siento que estás decepcionado de no haber conseguido el empleo"* o *"Noto tu ansiedad ante el hecho de tener que lidiar con tu familia el Día de Acción de Gracias".*

No tienen que ser más de un par de frases de reconocimiento; de hecho, no deberían serlo. Solo debería ser la cantidad suficiente para hacerle saber a tu interlocutor que lo estás escuchando, que le estás dedicando tu interés y preocupación, y que quieres escuchar el resto de la historia.

Una forma más sutil de reflexión es limitarse a emitir sonidos de reconocimiento en puntos clave de la historia. Para demostrar que estás escuchando y entendido, asiente cuando resulte apropiado, di "ajá", sonríe cuando él lo haga o imita su expresión facial.

Además, intenta parafrasear sus sentimientos con tus propias palabras, en lugar de repetir palabra por palabra lo que te ha contado. Repetir sus afirmaciones textualmente solo demuestra que tienes buena memoria a corto plazo. Parafrasearlo en tu propio lenguaje, por otro lado, demuestra que estás intentando *entenderlo* a un nivel más profundo. (Además, repetir como un loro podría ser malinterpretado como sarcasmo, como un adulto que imita a un niño llorón).

3. Leer entre líneas y suponer lo que está sintiendo. Por distintas razones, muchos nos hemos desvinculado de nuestras emociones. Una de las mayores causas de dicha separación es haber experimentado invalidación en el pasado. Puede que nuestros padres no le hayan dedicado la atención necesaria a nuestros sentimientos cuando éramos niños (tal como ocurre con el padre que imita a su hijo en el párrafo anterior, por citar un ejemplo). O quizá hemos intentado ser honestos con nuestros sentimientos en el pasado, y la reacción de nuestro interlocutor ha sido tan hiriente que ahora reprimimos nuestras emociones y las mantenemos bajo tierra.

En ocasiones, las personas saben que están angustiadas, aunque no tienen muy claro cuál es el problema. Sin embargo, al expresarlo en voz alta, ordenan sus ideas y obtienen una imagen más clara de lo que sienten. Es ahí donde puedes intervenir.

El siguiente paso es suponer lo que siente tu interlocutor con base en su comportamiento: *"Supongo que te sientes rechazado por tus padres porque parecen no tener confianza en tus decisiones"* o *"Me parece que estás frustrado con tu compañero de trabajo porque no está cumpliendo sus deberes"*.

Puedes usar con libertad las palabras emocionales para intentar reflejar y resumir la experiencia de tu interlocutor, de manera que puedas compartirla con él, definiendo y validando su experiencia a la vez. Por ejemplo, "luces muy molesto/decepcionado/asustado/deprimido".

Resulta fundamental formular dicha afirmación como una *suposición*, y no como una declaración firme o tu diagnóstico de la situación. El interlocutor no acudió a ti para que le dijeses cómo se siente, sino para que le ayudases a notarlo mediante la reflexión. Ser autoritario te pone en una posición de superioridad ante la otra persona, donde sabes la solución a todos sus problemas. Esto puede resultar muy invalidante, como si actuases como una especie de sabelotodo emocional que lo ilumina con su sabiduría. Esta acción aumenta la distancia, estableciendo una especie de relación entre mentor y estudiante que podría hacer que tu interlocutor sea menos comunicativo, y, posiblemente, se sienta resentido.

Este es un paso que va más allá de reflejar las emociones, pues no estás esperando a que tu interlocutor se exprese. Estás tomando la iniciativa e intentando guiarlo hacia una solución emocional. Por lo tanto, te dedicas a orientarlo, y prestas mucha atención a cómo recibe tus conjeturas.

Otro motivo por el que necesitas presentar tu interpretación de sus sentimientos como una suposición es, por supuesto, que podrías estar equivocado. En este paso, equivocarte es perfectamente aceptable. Estás intentando descubrir cuáles son las emociones de tu interlocutor. Sin embargo, a fin de cuentas, él es quien las está sintiendo, y sabrá identificarlas mucho mejor. Si hiciste una mala suposición, él podría corregirte. Eso, de igual forma, es completamente aceptable. Podría explicarte que no, no es miedo lo que siente, sino una vaga sensación de incertidumbre, por ejemplo. Proporciónale un ambiente seguro para explicar lo que siente, sin intervenir de forma desesperada con tus propias interpretaciones. Si está consciente de que estás realizando meras suposiciones, se sentirá más seguro de aclarar lo que le está ocurriendo.

4. Entender sus acciones de acuerdo al contexto personal. Este paso depende de que conozcas el pasado y contexto general de tu interlocutor (y si han tenido una relación íntima durante mucho tiempo, deberías conocer dicha historia lo suficientemente bien). Nuestra manera de reaccionar hoy en día es producto de los eventos y experiencias que hemos vivido en el pasado, además de nuestros rasgos biológicos. Durante este paso de validación, expresas familiaridad con sus acciones al entender cómo el pasado ha moldeado su conducta y emociones.

En otras palabras, aplicas su situación actual a un contexto más amplio. Esta acción resulta inherentemente validante, pues aplicar un contexto es una forma poderosa de decir que sus emociones tienen sentido, concuerdan y son apropiadas. Si vemos las reacciones de nuestro interlocutor como parte natural de un contexto más amplio, sentirá que sus emociones son correctas y están justificadas.

Por ejemplo, digamos que, durante su infancia, tu amigo fue atropellado en bicicleta. Sus heridas no fueron graves, pero el evento, naturalmente, resultó traumático. Sobre todo porque ocurrió cuando era muy joven e impresionable, puede que hoy en día sienta temor de subirse a una bicicleta o de cruzar la calle cuando hay mucho tráfico.

Este es un ejemplo un tanto simple donde, al final, todo salió relativamente bien (aunque al momento fue terrible). Sin embargo, ten en cuenta que hay experiencias mucho más serias y dolorosas que podrían tener influencia en tu interlocutor. Puede que haya soportado maltratos, haya quedado huérfano a temprana edad, haya presenciado mucha violencia en tiempos de guerra o conflicto, o alguna otra grave tragedia. Deberías proceder con cautela en tales casos, y tus respuestas deberían reflejar dicho tacto. *"Tomando en cuenta que perdiste a tu madre a temprana edad, creo que entiendo por qué le temes al abandono". "Supongo que te cuesta confiar en las personas tras haber estado en una relación llena de maltratos".*

En realidad, expresamos esta consideración a las personas cada vez que validamos sus experiencias (independientemente de que conozcamos su pasado o no). Míralo de esta forma: *siempre* hay una explicación detrás de la forma en que las personas actúan, piensan y sienten. Independientemente de que sepas o no cuál es, o que de hecho estés de acuerdo o la entiendes, *hay* una explicación, ¡y para ellos tiene perfecto sentido!

5. Normaliza o afirma su respuesta emocional. Cuando ocurre algo que genera una reacción intensa en nosotros, se trata de un evento nuevo y peculiar (no es algo de todos los días). Nos hace sentir algo que no solemos experimentar. Por una gran variedad de motivos, puede que las personas sean incapaces de entender lo que sienten, o se preocupen de que su reacción sea mala o incorrecta de alguna forma. Todos los humanos buscan a alguien más para que evalúe su situación e interprete su mundo. Aunque todos tenemos la necesidad de que nos digan: "Está bien, tu reacción es normal", a muchos no se nos ocurre expresar de forma activa que las emociones, independiente de cuales sean, son aceptables.

Es importante validar las emociones. Aunque puede que la situación en sí se salga de lo corriente, las reacciones emocionales de nuestro interlocutor ante la situación inusual son completamente normales. Aunque alguna reacción en particular podría resultar incómoda o negativa, no significa que la persona esté mal por sentirse así.

Por ejemplo, ser despedido de un empleo no es una trivialidad. Es un evento poco común que puede generar mucho trauma y estrés. Alguien que acaba de ser despedido podría sentirse ansioso y preocupado por el futuro, y es importante que sepa que la ansiedad y la preocupación son emociones completamente normales. *"Si me despidiesen a mí, también me sentiría nervioso ante el futuro".*

Tu interlocutor debe entender que sus reacciones no son extrañas o incorrectas; necesita saber que los demás se sentirían igual si les ocurriese lo mismo. Esto puede lograr que se sienta menos solo. Muchas veces, gran parte de nuestra angustia con respecto a una situación en realidad es angustia con respecto *a lo que sentimos sobre dicha situación*, y no tanto por la situación en sí. Puede ser de mucha ayuda saber que, en realidad, estamos bien y nada se sale de lo normal.

Sin embargo, al afirmar que sus sentimientos son normales, es importante *evitar* decir algo como "estarás bien" o "todo va a estar bien". Tales afirmaciones, por muy buena intención que tengan, invalidan los sentimientos de tu interlocutor al poner punto final a la discusión, negando el efecto de sus complejas emociones. En realidad *no* sabes si todo va a estar bien. Incluso si tu propia experiencia con emociones similares ha terminado bien, eso no significa que *la suya* también lo hará. Además, incluso si tu predicción resulta acertada, ¿de qué le sirve ahora mismo, cuando se siente abrumado por sus emociones?

Una mejor opción sería: "Tengo fe en que podrás salir de esto", pero incluso esta frase no es del todo necesaria en el momento. Los sentimientos de tu interlocutor deberían ser el centro de atención. Y él tiene que identificarlos. Ser capaz de comprender y validar sus sentimientos es mucho más importante para él en este momento. Necesita un espacio para expresar todo lo que siente, sin ser interrumpido por un comentario agradable y con buena intención. Si le brindas la oportunidad, con suerte llegará a la misma conclusión, y sentirá por sí mismo que *"todo va a estar bien"*.

6. Autenticidad radical. Guarda relación con la etapa anterior que consiste en normalizar lo que siente tu interlocutor, y va un paso más allá. Al final de la conversación, tu interlocutor debería sentir que es una persona de carne y hueso con sentimientos válidos, y *no* como alguna especie de lunático o incompetente. El desenlace debería ser que tu interlocutor se sienta querido y tomado en serio; que lo respetas como a un igual, y que ahora mismo está atravesando un proceso muy duro.

Cuando expresamos autenticidad radical, lo que hacemos es compartir un poco de nosotros, y al mostrarnos honestos y vulnerables, nos conectamos con nuestro interlocutor; no solo le decimos que no está solo, se lo *demostramos*. Más que aconsejar o juzgar, lo más provechoso podría ser sincerarte sobre una experiencia similar, con el propósito de desarrollar confianza y demostrar que entiendes por lo que está pasando. Podrías decir: "¿Alguna vez te conté que me ocurrió algo similar cuando era más joven?"

Considera este ejemplo: "No sé lo que se siente perder un perro, pero mi gato está entrado en años, y la idea de que muera es una preocupación constante. Me imagino que debe sentirse como si nada pudiese reemplazar a tu mascota". Semejante confesión no toma el control de la conversación, sino que le demuestra a la otra persona que puedes sentir empatía, que entiendes, y que estás ahí para apoyarla, compartiendo la común experiencia humana del duelo.

Este podría ser un momento oportuno para la expresión *"Tengo fe en que podrás salir de esto"*, ya que se relaciona a su normalidad como persona en una situación difícil. Sin embargo, es importante resaltar que *tú* crees que es así; que sabes que será capaz de solucionar sus problemas o adaptarse al cambio, que no es un inútil o un incompetente. Esta es la definición de la autenticidad radical: tratar y apoyar a tu ser querido como a un ser humano en el que crees y confías, sobre todo cuando está pasando por un mal momento.

En esta etapa, solo una conexión genuina y sincera tendrá efecto. ¡No puedes fingirla! Una relación o amistad surge a través de sentimientos de amor, felicidad y satisfacción. Sin embargo, se *conserva* al darle forma a dichos sentimientos mediante el proceso de validación, y esto requiere de esfuerzo y diligencia.

Moralejas:

- Adéntrate en el mundo de tu interlocutor; el mundo que él mismo ha creado, no el que tú estás creando a su alrededor. La validación es, en cierto sentido, un arte que se ha perdido. La validación es la acción de reconocer y respetar las intenciones y emociones de nuestro interlocutor. Cuando validamos, expresamos que la experiencia, ideas, emociones, perspectiva y la propia existencia del interlocutor son válidas, lógicas y comprensibles.

- Puede tratarse de un acto tan sencillo como asentir, pero sirve al noble objetivo de lograr que tu interlocutor se sienta emocionalmente escuchado y satisfecho. En el nivel más elemental, consiste en identificar las emociones de tu interlocutor y, posteriormente, justificarlas. Tu primera acción como detective es entender la emoción involucrada, y luego hacerle saber al interlocutor que su experiencia emocional resulta completamente razonable. Las emociones nunca son muy lógicas, pero siempre son reales.

- Muchas veces, cuando intentamos validar las emociones de alguien, terminamos empeorando la situación al usar afirmaciones invalidantes. Estas son afirmaciones que desestiman o minimizan los sentimientos de nuestro interlocutor, tales como "Oh, todo va a estar bien" o "¡No deberías sentirte así!". Son frases casi normativas y que intentan convencer al interlocutor de ver el lado positivo, pero eso no es lo que necesita en un momento así.

- Un proceso útil de validación en seis pasos sería el siguiente: estar presente, reflejar las emociones con exactitud, suponer lo que está sintiendo el hablante, entender las emociones a partir del contexto, validar las emociones, y, por último, ser honesto. No siempre es necesario, o incluso posible, emplear todos y cada uno de estos pasos, pero vale la pena avanzar entre ellos de forma progresiva, tomando en cuenta el contexto, tu posición y lo que tu interlocutor más necesita de la conversación.

- Podemos estar presentes al dejar de lado las distracciones, escuchar con atención y guardar silencio. Podemos reflejar las emociones al parafrasear, imitar el tono de voz, la postura o el lenguaje, o incluso haciendo preguntas para obtener más información. Podemos suponer cuál es la emoción presente ofreciendo sugerencias provisionales de cómo se siente nuestro interlocutor y observando su reacción ante la conjetura. Posteriormente, podemos validar dichas emociones mediante afirmaciones que ratifiquen su normalidad y racionalidad. Por último, podemos demostrar una compasión genuina al revelar un poco de información personal y mostrarnos sinceros, para así fomentar la confianza e intimidad.

Capítulo 5. Leer y analizar

El acto de escuchar no es más que *leer* a tu interlocutor, ¿no te parece? Las personas son una inmensa fuente de información, tanto verbal como no verbal. Cuando aprendes a leer a los demás, procesas dicha información y realizas la evaluación más precisa posible.

Existen métodos más directos para lograr tal hazaña. En realidad, escuchar con atención es un subconjunto de la habilidad de evaluar a los demás. Sin embargo, el tema en común sigue siendo descartar tus prejuicios, deseos y objetivos propios, de manera que puedas ver a tu interlocutor por lo que realmente es. Si no logras cumplir con este primer objetivo, habrás dado el primer paso hacia el fracaso interpersonal.

El primer método que, por lo general, nos permite leer y analizar mejor a las personas es la inteligencia emocional.

Cómo ser un genio emocional

La mejor concepción moderna de la inteligencia emocional viene del psicólogo Daniel Goleman.
La inteligencia emocional consiste en identificar y percibir *tus* emociones y el porqué de ellas, y posteriormente extrapolar este tipo de conciencia hacia los demás. Eres capaz de identificar tu estado emocional y encontrar su patrón de causa y efecto. Por ende, la inteligencia emocional es ser capaz de leer con precisión las

emociones de los demás y deducir los motivos detrás de las mismas.

Por lo tanto, podemos usar nuestra propia realidad interna como patrón de las realidades internas de los demás. Cuando somos "emocionalmente cultos" podemos comenzar a observar los mismos patrones en los demás, y reconocer sentimientos similares. Esto, por supuesto, requiere de cierto grado de autoconciencia.

Cuando comienzas a pensar "¿Por qué dijo eso?" y "¿Qué lo llevó a actuar así?" en lugar de reaccionar en el acto, estás dando el primer paso hacia el desarrollo de la inteligencia emocional. Es cuestión de entender la cadena de causalidad que conecta las motivaciones e intenciones de las demás personas y cómo esto se traduce en sus emociones, las cuales, a su vez, se traducen en acciones.

Cuando escudriñamos en las causas subyacentes tras las palabras, ideas y emociones de una persona, descubrimos un nuevo universo de motivaciones, conexiones, asociaciones y objetivos, tanto conscientes como inconscientes. Si aprendemos a examinar esta red tan compleja, podemos comprender mejor a las personas, y entender *por qué* actúan tal y como lo hacen.

Tener un alto nivel de inteligencia emocional es como ser capaz de leer la mente de otra persona. En realidad, este superpoder cotidiano no es tan complejo, y exige resistirse a aspectos bien arraigados de la naturaleza humana que nos obligan a concentrarnos únicamente en nuestros propios intereses.

Observa el caso de Charlotte. Charlotte entra pavonándose a la oficina, dando rítmicos pasos y con una sonrisa de oreja a oreja. Antes de sentarse, le pregunta a su compañero de trabajo: "¿Qué opinas de mi nuevo peinado?". A Derek, el compañero de trabajo, no le importa dicho peinado en lo más mínimo, pero le agrada Charlotte, y también sabe que la chica suele preocuparse mucho por su apariencia.

"Luce estupendo", comenta con entusiasmo. "Resalta mucho tus ojos".

"¡Pienso igual!", exclama Charlotte efusivamente, tomando asiento. "Gracias". Sonríe.

Debido a que Derek entendía y se interesaba por las emociones de Charlotte, sabía que lo que buscaba era apoyo y elogio, en lugar de un rechazo apático. A decir verdad, Charlotte no quería una opinión propia de estilista sobre su elección, y mucho menos de alguien como Derek. Él leyó la situación y se conectó con el estado emocional de su compañera, en lugar de guiarse por la pregunta sencilla y aparentemente inocente de la chica. La amable respuesta de Derek reafirmó la opinión de Charlotte con respeto a su honradez y amabilidad, mejorando así la imagen que tenía de él.

A simple vista, Derek y Charlotte están teniendo una conversación ordinaria en un nivel ordinario. Sin embargo, en realidad, la conversación se está desarrollando en un nivel completamente distinto: el emocional, tácito e incluso inconsciente. Probablemente, Derek es visto como una persona amigable, inteligente y amable gracias a su habilidad de leer a las personas como en este caso. Sin embargo, no es que esté percibiendo algo en Charlotte que nadie más puede ver; simplemente se está tomando el tiempo de leer como se debe la información que ya está allí.

Cada vez que mejoras tu inteligencia emocional, tendrás más interacciones de este tipo. Se trata de comprensión, consideración y de descartar tus propios deseos y perspectivas. Por supuesto, elogiar el peinado de alguien no es una técnica extraordinaria, pero aplicar el mismo concepto en un ámbito más amplio puede causar un cambio genuino y trascendental en la vida de la personas.

La concepción moderna que Daniel Goleman le da a la inteligencia emocional puede ser descrita en cuatro categorías principales. Todas trabajan al unísono para crear un esquema de cómo entender y leer a los demás de forma más eficiente.

Autoconciencia

Cuando desarrollamos autoconciencia, sabemos quiénes somos, qué pensamos, y qué sentimos. Sabemos que cuando nos deprimimos, nuestra productividad disminuye. Sabemos que cuando tomamos café, solemos ser más dinámicos y productivos. Entendemos que cuando estamos bajo estrés, resulta menos probable que tengamos paciencia para atender las necesidades de alguien más. Reconocemos las emociones como la base subyacente tras nuestras acciones, y podemos usar la comprensión como nuestro punto de partida para desarrollar empatía hacia los demás, quienes, a su manera, están haciendo lo mismo.

En resumen, adquirimos conocimiento de lo que sentimos, por qué lo sentimos, y qué efecto tiene en nuestra conducta. Somos expertos de las emociones; tenemos inteligencia emocional. Las personas con autoconciencia también son capaces de observar los efectos que tienen sus emociones en otras personas. Tanto la alegría como la tristeza suelen ser contagiosas, y una persona con autoconciencia sabrá que sus emociones influyen y se ven influidas por el entorno.

La autoconciencia también involucra conocer nuestras fortalezas y debilidades, de manera que podamos adaptarnos a medida que observamos nuestra relación con el mundo. Más importante aún, nos ayuda a estar más dispuestos y capacitados para aceptar consejos y críticas. Las personas que no tienen conciencia de sus verdades habilidades o de su verdadero valor, pensarán que son demasiado incompetentes e incapaces de aprender o que ya lo saben todo y no necesitan enseñanza alguna.

Ninguna de estas afirmaciones es cierta, y las personas que caen en dichas trampas son vistas como holgazanes o sabelotodos, respectivamente. Cuando admites que necesitas ayuda y aceptas el apoyo o consejos ofrecidos, le demuestras a tu interlocutor que valoras su opinión y respetas su conocimiento. Aceptar ayuda hace que las personas que la ofrecen se sientan importantes y necesitadas; dos sensaciones que todos apreciamos. Deja de ver tus defectos como algo negativo; en realidad, son oportunidades de hacer amigos y aprender cosas nuevas.

Puedes mejorar tu autoconciencia de muchas maneras. En general, solo necesitas conocerte mejor a ti mismo. Las pruebas psicológicas realizadas por expertos o los tests de personalidad pueden brindarte cierto grado de información, al igual que pedirles a tus amigos que te califiquen con base a distintas habilidades o rasgos de la personalidad. Además, es posible observar cómo reaccionan las demás personas cuando haces o dices ciertas cosas, y así obtendrás información sobre cuáles son los rasgos de tu persona que contribuyen a tales reacciones. Esto exige un poco de paciencia y honestidad.

Alternativamente, puedes limitarte a sentarte, reflexionar sobre tus acciones y preguntarte *por qué*. Posteriormente, repite el proceso tres veces más; generalmente, esto te permite derribar las barrearas que has levantado alrededor de ti mismo y llegar al meollo del asunto. No te limites a reflexionar sobre la situación actual, sino sobre toda tu historia y experiencia previa, incluyendo tus acciones pasadas y las consecuencias de tales decisiones. Cualquier cosa que te brinde información sobre lo que hay detrás de tus emociones resulta provechoso.

Cada vez que experimentes una emoción intensa, aléjate y toma una pausa. Cierra los ojos, remóntate a un par de horas en el pasado e intenta descubrir qué fue lo que te llevo a sentirte así. ¿Hay algún evento o experiencia pasada que te ayude a explicar por qué te sientes de una forma en particular hacia ciertas cosas o personas de tu vida? ¿Hay algún hecho inconsciente que afecta tu estado de ánimo actual? Al hacer esto, te conviertes en un participante consciente y proactivo en el proceso de descubrimiento de tus emociones, en lugar de ser un mero espectador.

Por ejemplo, si estás molesto a las 6:00 p.m., comienza a pensar en todo lo que hiciste desde las 3:00 p.m. Manejaste a casa, merendaste, te pusiste tus pantalones deportivos, y viste televisión un rato.

Sin embargo, cuando visualizas la ruta que tomaste para llegar a casa, de pronto recuerdas que alguien te cortó el paso y que te sonaban la bocina sin parar. Esto te perturbó, e incluso horas después seguías afectado por ese mal rato. Esta es la simplificación de un proceso que comienza a ocurrir de una forma mucho más inmediata. Cuando comienzas a indagar, puede que seas capaz de descubrir causas y modificadores de la conducta que se remontan a días, semanas o incluso años. Puedes comenzar a verte con una mayor percepción y entendimiento, y, al mismo tiempo, practicas cómo aplicar esta misma curiosidad en aquellos que te rodean.

La triste realidad es que la mayoría de gente no está en sintonía con sus sentimientos. Puede que las sientan con mucha intensidad, pero desconocen la verdadera fuente, lo que les impide asumir la responsabilidad de cambiar dichas emociones o de sentir empatía. Muchas veces, nos vemos afectados de forma negativa por el impacto emocional de cosas que han dejado de tener relevancia desde hace tiempo. La mayoría de gente se limita a reaccionar de forma automática, sin percatarse del por qué y sin detenerse a pensar en lo que está ocurriendo a nivel interno. Caen en patrones que pueden llegar a ser negativos y, en ocasiones, destructivos.

En lugar de realizar un análisis interno e intentar identificar tus emociones con base a lo que podrías conjeturar que las causó, también puedes analizar tus acciones actuales e identificarlas de dicha forma. En el primer caso, analizas el pasado e intentas deducir una causa. En el segundo, analizas el presente para observar la manifestación de la emoción. En cierto sentido, estás trabajando a partir de lo que observas y creando al menos una teoría sobre la posible causa.

Al igual que ocurre con las demás personas, tus acciones dicen más de ti que tus palabras (o que tu propia percepción). Todos tenemos historias predilectas que nos encanta relatar para explicar quiénes somos y por qué las cosas son de cierta forma, pero, en ocasiones, puede ser muy provechoso descartar tales ideas y limitarse a ver la realidad. ¿Qué es lo que ocurre? ¿Por qué?

Autorregulación

El aspecto más fundamental de la autorregulación es la habilidad de mantener tus emociones bajo control. Cuando estamos eufóricos porque tendremos una cita con un bombón, no permitimos que dicha emoción distraiga a los demás en una reunión de negocios. Cuando estamos furiosos porque no nos ascendieron, no permitimos que esto influya en nuestra relación laboral con nuestro jefe o rival.

Incluso hacemos el esfuerzo de mantenernos tranquilos, estables y eficientes cuando la situación resulta estresante, hostil o peligrosa. En resumen, involucra impedir que tus emociones se salgan de control. Sin embargo, esto no significa que desconocemos las emociones o carecemos de autoconciencia. De hecho, la única forma de manejar y regular nuestras emociones de forma genuina es teniendo una noción básica de su naturaleza. ¿Cómo podemos dominar algo que no entendemos del todo?

Muchas personas lo intentan al reprimir sus emociones, pero esto es una mala idea porque puede generar rencor, amargura e incluso estallidos ocasionales de odio e ira. Nuestras emociones nos ayudan a entender lo que pensamos de verdad sobre los eventos y las personas. Pueden mantenernos a salvo, hacernos entender qué es lo que valoramos, e inspirarnos a la acción. Prestarles atención puede ayudarnos a obtener una descripción razonable de lo que nos alegra y preocupa, lo cual puede tener un impacto positivo en nuestras relaciones personales y laborales.

Muchas personas se sienten incómodas con las emociones, pues les parece que experimentarlas implica que, de algún modo, están fuera de control. Sin embargo, podemos desarrollar plena conciencia de cualquier emoción que experimentemos, y cuando tenemos una conciencia plena, nunca estamos fuera de control; de hecho, estamos más empoderados que nunca.

Las emociones son una parte constructiva y valiosa dela vida. Sin embargo, funcionan mejor al ir acompañadas de razonamiento, discernimiento y la habilidad de percibir el contexto general. Percibe lo que sientes, examina por qué lo sientes, y exprésalo con calma a interlocutores relevantes cuando tus ideas se hayan aclarado. Esto te permitirá llegar a un profundo estado de aceptación y a un mayor nivel de satisfacción personal. En resumen, expresa tus emociones de forma adecuada y productiva; no las reprimas. Este el siguiente paso en el proceso de desarrollar la autoconciencia: ¿qué es lo que realmente *haces* con las emociones que has identificado?

La autorregulación también involucra supervisar nuestras ideas y estados de ánimo para desarrollar una actitud positiva. Algunas personas son optimistas por naturaleza, otras no lo son, pero buscar las oportunidades y lecciones incluso en la peor de las situaciones puede mostrarte un lado positivo que dará pie a un desarrollo y progreso trascendental.

No puedes quedarte derrotado; tienes que levantarte, aprender todo lo que la situación te dejó, y hacerlo mejor la próxima vez. Una vida emocional bien regulada se usa para motivarte a cumplir tus metas, pues puedes usar patrones voluntarios de pensamiento positivo para infundirte de felicidad y esperanza, permitiéndote así seguir con la faena. A todos le agradan las personas que los impulsan a salir adelante a pesar de las dificultades, y desarrollar esta clase de optimismo contribuirá a tal fin.

El último rasgo de la autorregulación es la flexibilidad. Mucha gente se enfrasca en un modo específico de actuar y se opone cuando surge un método más eficiente. Otros le temen tanto al cambio que asumen que todo lo que sea nuevo debe ser malo. Sin embargo, una persona autorregulada verá estos impulsos como algo de escasa utilidad e intentará aprender nuevas formas de pensar y hacer las cosas.

No perciben el cambio como una amenaza a su identidad; de hecho, todo lo contrario. Debido al control que tienen de sus emociones, pueden decidir activamente cómo quieren reaccionar, a qué otorgarle valor, y qué forma quieren darle a su experiencia. Esto les ayuda a adaptarse y regular sus expectativas y emociones de forma más eficiente.

Automotivación

Pudiendo ser considerado como un subconjunto de la autorregulación, la automotivación impulsa a la personas a cumplir y superar las expectativas (porque saben cuáles son las emociones que quieren experimentar en mayor y menor grado). Tienen una buena noción de lo que los hará sentirse realizados, e intentarán lograrlo constantemente.

Las personas con automotivación se encuentran en una búsqueda constante de formas de mejorar su estado emocional. Saben lo que los motiva, a nivel emocional y general, e intentan orientar sus acciones hacia el éxito. Puedes perfeccionar esta habilidad al prestar atención a las quejas propias o de los demás. Las quejas indican un problema, los cuales, a su vez, son oportunidades para mejorar. Cuando encuentres un problema, piensa en formas de resolverlo, y, cuando puedas resolverlo, ¡hazlo!

Aptitud social

Las personas con aptitud social pueden leer el ambiente y entender las emociones que podrían estar experimentando los grupos o individuos.

A nivel de grupo, tener aptitud social implica entender la jerarquía y organización de un grupo, además del impacto emocional de dichas estructuras y las corrientes emocionales que fluyen entre una y otra persona. Esto nos ayuda a interpretar las situaciones. Entender que a la secretaria no le molesta ayudar al jefe, pero está cansada de trabajar horas extra, es parte de la aptitud social.

También es parte de la aptitud social darse cuenta que dicha secretaria es más reemplazable, y, por lo tanto, menos importante, y que tanto ella como su jefe se ven influenciados por dicha dinámica. Parece una cantidad abrumadora de información para procesar, pero puede simplificarse al preguntarse por qué las personas actúan de cierta forma con una persona en comparación a otra, y, posteriormente, descubrir la dinámica que causa dicha actitud.

Observar e interactuar con las personas te ayuda a desarrollar esta habilidad. Cada vez que te topes con una interacción que te intrigue, puedes reflexionar sobre por qué los interlocutores están hablando y actuando de una forma determinada, para hacerte una mejor idea de la dinámica de la relación. Mientras más desarrolles esta habilidad, más fácil será hacer lo correcto en todo tipo de situaciones sociales. Obviamente, esta es una simplificación excesiva, pero el primer paso es preguntarse por qué está ocurriendo un evento y qué elementos subyacentes o inconscientes podrían estarlo causando.

Hazte estas preguntas, al principio una por una, y no tardarán en volverse un hábito instintivo. No es una tarea fácil, porque no puedes concentrarte en un único factor. Cada situación es distinta, y debes ser flexible para descubrir por qué las personas se sienten de cierta forma. Leer la siguiente lista te ayudará a leer las emociones de los demás en una forma que podrías no haber considerado nunca.

- ¿Cómo podrían malinterpretarse tus ideas y acciones?
- ¿Cuáles son las motivaciones principales de tu interlocutor y qué motivaciones implícitas y subyacentes podrían tener que ni ellos (ni tú) han notado?
- Toma en cuenta las ideas preconcebidas y situaciones personales que dan origen a ciertas emociones. ¿Cuál es el trasfondo y cómo fue la crianza del interlocutor?
- ¿Cómo muestran las personas sus emociones, tanto de forma positiva como negativa?
- ¿Cómo se expresan las emociones de distintas formas?
- ¿Cuáles son las emociones que podría estar experimentando tu interlocutor, y por qué?
- ¿Cuál es el propósito de lo que tu interlocutor está diciendo?
- ¿Cuál es su estado emocional básico y cuál es su estilo de interacción predilecto?

Al estar consciente de tales factores, incrementas tu inteligencia emocional, pues eres capaz de leer a las personas con mayor exactitud. Y no menos importante, puedes responderles de una manera más calculada que genere la menor cantidad de reacciones negativas posible. Vale la pena resaltar que este proceso podría llevar un tiempo, y es allí donde radica la diferencia entre "responder" y "reaccionar".

En el nivel más elemental, la inteligencia emocional consiste en conocer las diversas reacciones que podría causar una afirmación o situación y quién podría responder de forma distinta y por qué.

Si insultas a la madre de tu interlocutor con un tono y expresión seria, una posible reacción sería que este se enfurezca o se sienta ofendido. Sería la reacción más común. Sin embargo, ¿cuáles son otras posibles reacciones, y qué marca la diferencia? Tu interlocutor podría pensar que estás bromeando, reírse ante la confusión que siente, o ignorarte porque ni siquiera escuchó lo que dijiste.

La inteligencia emocional te permitirá conectarte con las personas a un nivel más íntimo porque los entiendes tácitamente sin necesidad de mediar palabra. Simple y llanamente serás capaz de entenderlas. Esto es lo que mucha gente interpreta como "química" y "compenetración", y la conseguirás de una forma aparentemente espontánea.

Puedes notar cómo la inteligencia emocional empieza en ti y se transfiere a otros. En el capítulo anterior, hicimos mucho hincapié en los valores e intenciones subyacentes, los cuales nos indican cómo le gustaría actuar a las personas. En este caso, le estamos prestando más atención a las emociones, las cuales nos indican cómo las personas actuarán por instinto y naturaleza. En conjunto, estamos aprendiendo a analizar tanto el lado racional como emocional de una persona, de manera que seamos capaces tanto de predecir como de interpretar sus acciones.

Una última e importante indicación en aras del desarrollo de la inteligencia emocional es mejorar en cuanto a la comprensión del subtexto de la situación, lo cual es similar a la aptitud social.

¡Eso no fue lo que quise decir!

La comunicación es mucho más que las palabras que decimos o escuchamos. Diversos estudios han mostrado cifras que manifiestan que entre el 50 y 90 por ciento de la comunicación (el mensaje y la emoción que nos transmite nuestro interlocutor) se basa en señales no verbales, partiendo de la investigación de Mehrabian y Ferris, *"Inference of Attitudes from Nonverbal Communications in Two Channels"*, realizada en el año 1967. Agrégale esta afirmación a los procesos comunicativos que giran en torno a los subtextos, contextos, implicaciones e inferencias, y prácticamente te preguntarás qué impacto tienen nuestras palabras como tal.

En cualquier caso, lo que creemos que estamos comunicando suele ser eclipsado o totalmente contradicho por lo que queremos expresar entre líneas. La mayoría del tiempo, lo que decimos no es realmente lo que queremos decir, y esto es algo que comenzamos a aprender desde nuestra infancia. No es que no importen las palabras que usamos; sí que lo hacen. Sin embargo, la forma en que las usamos, y el contexto donde lo hacemos, reflejan mucho mejor nuestros sentimientos y emociones.

Lamentablemente, para muchos de nosotros, estas pequeñas señales bien podrían tratarse de un conjuro, por lo sutiles y enrevesadas que parecen. Una de las claves para una mejor comunicación y ser capaz de leer entre líneas es entender el *subtexto*. Citando la publicación de Chaney y Lyden (1997), *"Subtextual Communication Impression Management: An Empirical Study"*, en un entorno de oficina, el subtexto es definido de la siguiente manera:

> La comunicación subtextual, un lenguaje implícito que refuerza o invalida el discurso, se emplea para influenciar en la impresión que las demás personas tienen de nosotros, y

podría usarse como ventaja competitiva en numerosas situaciones del entorno laboral. El subtexto es más sutil que el texto explícito, y podría ser más honesto dentro del ámbito de las interacciones interpersonales (Fast, 1991).

Los elementos de la comunicación subtextual se encuentran relacionados a la imagen, y podrían causar una impresión positiva o negativa con respecto a la confianza, credibilidad, aptitud, y don de gentes de una persona a través de la vestimenta, la forma de presentar a alguien, el lenguaje corporal, la puntualidad, el uso de la comunicación electrónica, y la etiqueta a la hora de cenar.

Paul consiguió un trabajo a tiempo parcial que le generase algo de dinero extra mientras culminaba sus estudios universitarios. Decidió trabajar en una tienda local de productos electrónicos porque conocía a las personas, la zona y el producto como a la palma de su mano. Imagina su sorpresa cuando descubrió que no era el experto en ventas que hizo creer durante el proceso de entrevista.

Todos parecían cumplir con la cuota de ventas sin problemas, pero ahí estaba él, alcanzando a duras penas la cifra mínima. Lo que empeoraba las cosas era el hecho de que el resto del personal carecía de conocimiento técnico, y aun así superaban en ventas a Paul todos los meses.

Las ventas de Paul dejaban tanto que desear que su jefe lo llamó a una reunión de desempeño laboral para abordar la problemática. En lugar de señalar lo que Paul estaba haciendo mal, decidió emparejarlo con el mejor vendedor para que notase cómo diferían las técnicas de venta que ambos usaban.

Durante toda la tarde, Paul siguió de aquí para allá al vendedor número uno: Sam. Conforme Paul observaba, se percató de algo interesante. Todos los clientes eran iguales, las preguntas eran iguales, y las soluciones eran iguales... excepto por un detalle.

En el punto donde Paul se rendiría o avanzaría, Sam ofrecía recomendaciones adicionales y daba el golpe de gracia. Se percató de esto cuando un cliente estaba viendo una cámara. El cliente levantó las manos y declaró que el producto estaba "bien". En ese momento, Sam tomó una cámara más costosa y le explicó sus características al cliente. Por lo general, Paul no haría algo así; cuando el cliente decía que algo estaba "bien", se concentraba en concretar la venta de la misma cámara.

Sin embargo, para su sorpresa, el cliente terminó comprando la cámara más costosa. En cuanto el cliente salió de la tienda, Paul le preguntó a Sam: ¿Qué te llevó a sugerir un producto completamente nuevo? ¿Eso no confundiría al cliente? ¡Me pareció que dijo que estaba bien!"

Sam se limitó a reírse y dijo: "Solo porque el cliente diga que algo está bien no significa que lo esté. 'Bien' no es algo positivo. Generalmente, significa que quiere algo más o que no han cumplido sus expectativas. En realidad, están pidiendo alternativas".

Paul estaba interpretando las palabras de los clientes de forma literal y al pie de la letra, y debido a ello, pasaba por alto los verdaderos mensajes que las personas le estaban enviando. Paul solo se fijaba en lo que se estaba diciendo, y no consideraba que el acto comunicativo pudiese darse de otra forma. Sam explicó que las palabras de las personas no eran más que la punta del iceberg en términos de lo que querían comunicar, y que "bien", cuando se pronunciaba con un tono desprovisto de energía, era equivalente a decir "esto apesta". Esta afirmación tan sencilla cambió las ventas de Paul de forma radical, pues comenzó a intentar leer entre líneas y a descifrar el significado oculto entre las mismas.

No seas como Paul. Aprende sobre el subtexto para leer mejor a las personas y comenzar a responder como se debe a lo que tu interlocutor está intentando comunicar.

La comunicación puede dividirse en dos categorías: explícita e implícita. La explícita se refiere a las palabras que decimos y a los mensajes literales que queremos expresar. Por ejemplo, cuando le decimos directamente a alguien que tenemos hambre y ordenamos una hamburguesa.

El subtexto corresponde al tipo de comunicación implícita. Raramente se expresa de forma directa, depende literalmente de cualquier otra cosa excepto el mensaje directo que sale de los labios del hablante, y requiere de una interpretación correcta. Usar el subtexto para decir "Tengo hambre" podría incluir frotarse el estómago, lamerse los labios, señalar que hay un menú en una mesa adyacente, y mencionar que no habías comido mucho durante el día.

No todo el mundo captará dichas señales, pero lo que la persona quería expresar es innegable. Habitualmente, nos comunicamos de esta forma indirecta y esperamos que esta acción nos ahorre la molestia de ser directos. Por consiguiente, entender el subtexto detrás de los comentarios aparentemente inocentes de tu interlocutor te brinda información vital para entender sus verdaderos sentimientos e ideas.

Por ejemplo, ¿cómo se diferencia el siguiente diálogo explícito del mensaje implícito y subtextual? En este caso, lo que *no se dice* es lo que completa el mensaje. El subtexto es que la pregunta no fue respondida de forma convincente y, por lo tanto, resulta menos sincera. Supón que la persona que responde a la pregunta tenía un historial de descortesía.

"¿Estoy gorda?"
"No, no lo estás".
Traducción: Sí, puede que estés un poco gorda.

"¿Estoy gorda?"
"No, pero supongo que podrías perder un par de kilos".
Traducción: Sí, no hay dudas de que estás gorda.

El subtexto puede expresarse a través del tono de voz, modo de expresarse, forma de hablar, referencias a experiencias pasadas, conocimiento de las relaciones personales, lenguaje corporal, gesticulación, situaciones e incluso estados de ánimo. Suena abstracto y confuso, pero tan solo imagina que el subtexto es todo lo que queremos decir más allá de las *palabras exactas* que decimos.

De hecho, ese es uno de los principales motivos por el que lo usamos. Nos permite explorar el mundo a través de medios indirectos y libres de confrontación. Si perfeccionas el manejo del subtexto, te ahorra tiempo, es eficiente, e inculca mucha inteligencia emocional al entender las circunstancias en constante cambio de las personas.

El subtexto está presente en todo tipo de situaciones, desde laborales, amorosas y sociales hasta dinámicas familiares. De hecho, podría decirse que gran parte de las relaciones románticas se basa en el subtexto, pues gran parte de la tensión sexual depende de no revelar tus verdaderas intenciones de forma evidente. Si invitas a alguien a cenar y te dice que está ocupado, puede que lo esté o puede que no esté interesado. Si invitas cuatro veces a la misma persona y siempre te dice que está ocupada, allí tienes un subtexto a analizar. Toma en cuenta el contexto y te darás cuenta que tus pronósticos en el amor no son muy buenos.

A través de nuestra conducta y elección de palabras, transmitimos pistas y esperamos desesperadamente que nuestro interlocutor las capte. Por supuesto, este es el primer paso de la conducta pasivo-agresiva; no nos sentimos cómodos diciendo algo de forma directa, así que nuestras medidas indirectas se hacen cada vez más agresivas y desagradables. Como especie, somos bastante evasivos y poco inclinados a la confrontación. No muchas personas se sienten cómodas exhibiendo sus opiniones y sentimientos a simple vista, sobre todo si discrepan con los de otras personas. La franqueza es, por naturaleza, tensa, así que preferimos evitarla.

Un método útil para imaginar cómo funciona el subtexto en situaciones sociales es imaginar cómo funciona en una novela o en un guión. Cuando ves una película o lees un libro, normalmente no te dicen lo que los personajes entienden, sienten o piensan, y a pesar de ello, al final entiendes con más claridad el significado detrás de las escenas y las relaciones entre los personajes. Todo esto es gracias al subtexto.

En este contexto, suele denominarse como lo que está *bajo la piel del personaje*; lo que los impulsa y los motiva, lo que sienten hacia los demás personajes de la historia, y los motivos subyacentes detrás de todas sus acciones. Si no les das motivaciones claras a los personajes y haces que todos actúen a un nivel superficial, terminas con una película insípida y carente de impacto emocional.

Incluso en las películas, puede haber ambigüedad en el subtexto (a veces intencional, a veces no). Esta es la parte donde participa la audiencia, lo cual explica por qué dos personas pueden salir del cine y tener ideas completamente distintas sobre lo que quería expresar el director.

Analicemos la siguiente escena para ilustrarlo de forma más clara. Recuerda siempre que debemos separar la comunicación explícita de la implícita.

Imagina una sala donde se encuentra un hombre sujetando una pequeña caja color celeste. La mesa está decorada con rosas y champaña. Una mujer entra a la escena y se prepara para abandonar la sala. No se percata de la presencia del hombre en la esquina. Este dice: "¡Espera!"

¿Por qué el hombre llama a la mujer?

Si dices "porque quería proponerle matrimonio", has entendido el subtexto de esta escena básica. El diálogo nunca dice que el hombre quería proponerle matrimonio a la mujer. Lo dedujiste a partir de una combinación entre el ambiente, la descripción y la escena en sí.

¿Es subtexto la palabra "espera"? En esta escena, el hombre le dice a la mujer que se detenga. No hay nada oculto en las palabras más allá de un "¡No te vayas!" o quizá "¡Quédate!", dependiendo de cómo se exprese la frase.

Imagina que el hombre diga de forma explícita: "He arreglado esta mesa para ti y tengo pensado pedir tu mano con este hermoso anillo que compré en Tiffany & Co". No es algo que ocurriría en la vida real, y, por lo tanto, las películas deben ser escritas con un subtexto que le permita a la audiencia entender lo que ocurre.

Usar el subtexto para complementar los detalles de cualquier futura interacción resulta fundamental para fomentar una mejor comunicación y un mayor grado de agradabilidad. Si escudriñas, no tardarás en percatarte de que casi todo lo que una persona dice cuenta con cierto grado de subtexto, cuyo propósito es comunicar mensajes adicionales de forma consciente o inconsciente.

Presta atención a la historia y experiencias pasadas de tu interlocutor y cómo podrían relacionarse con la situación actual. ¿Cuáles son las emociones que están obrando en la interacción? Pista: siempre hay, al menos, una emoción principal involucrada. Inevitablemente, tales emociones influirán en las perspectivas, prioridades y motivaciones del hablante de una forma que podría hacer que el mensaje difiera de las palabras. Si conoces la personalidad general de tu interlocutor, puedes hacer una conjetura al analizar la situación en función de cómo preferiría comportarse el interlocutor. Si tu interlocutor es muy tímido y callado, y dice cosas como "Tienes razón... Supongo", probablemente significa que está gritando por dentro "¡NO!". Básicamente, toma en cuenta la fuente y cómo las circunstancias del interlocutor influyen en el acto comunicativo.

Juzga la sinceridad de tu interlocutor analizando su tono de voz. ¿Está molesto, serio, o está siendo sarcástico? ¿El tono concuerda con el mensaje? Si alguien dice que sí, pero usa un tono sarcástico, entonces es probable que quiera decir que no. Si alguien dice que sí, pero está molesto, es probable que no esté contento con el resultado. Si el hablante está serio y dice que sí, entonces se siente en conflicto o probablemente no esté interesado. La cantidad de interpretaciones según el tono de voz es prácticamente ilimitada, pero la mayoría implica que las palabras no deberían ser interpretadas de forma literal.

Observa cómo te responden las personas. Cuando observas qué tan paciente es la persona, qué tan amable es, y qué tan complaciente intenta ser, puedes evaluar cómo se siente respecto a tus palabras. Esto también aplica a cuánto silencio guardan y cuánto interés demuestran. Si alguien se toma varios segundos para responder una pregunta sencilla, significa que tuvo que pensar en la respuesta y que podría estar utilizando el subtexto para expresar negatividad incluso si está de acuerdo contigo.

Otro aspecto a considerar, el cual podría exigir habilidades de observación más intensas, es ver qué tanto se desvía el hablante de su patrón de conducta habitual. Si tu supervisor suele ser alegre, ¿qué significa que esté serio y negativo? Puede convertir una afirmación como "Todo está saliendo bien..." en un mensaje completamente opuesto.

El subtexto proporciona pistas que puedes aprovechar para convertirte en un comunicador experto. Las personas dan señales por doquier.

Por supuesto, la parte difícil es descifrar tales aspectos de las personas de forma simultánea e instantánea, tal como lo harías en una conversación cotidiana. Esto significa que, en realidad, tienes dos tareas: (1) procesar la conversación y responder de forma apropiada y (2) prestar atención a las pistas subtextuales. Podrías ser capaz de entrenarte para captar tipos específicos de subtexto o indicadores sociales, ¿pero puedes captarlos mientras intentas encontrar otros? ¿O solo podrás concentrarte en una cosa a la vez? Podría parecer que necesitas tres cerebros y seis pares de ojos para captar tantas cosas a la vez, y, al principio, puede que así sea.

Sin embargo, lo único que puedes hacer es comenzar por lo básico y entrenarte hasta que tales acciones se conviertan en un hábito inconsciente; *¿Por qué dijo eso? ¿Qué está sintiendo, y qué podría significar?*

Quiero cerrar la sección del subtexto con un pequeño ejercicio para que entres en calor. Es bastante sencillo: ve a un lugar público y observa las interacciones entre las personas; por ejemplo, sentándote en un café y observando furtivamente a las personas que están sentadas en las mesas adyacentes. No puedes escuchar la conversación explícita, así que harás una suposición según el subtexto de la comunicación implícita. Asigna trasfondos, emociones y motivaciones a las personas que observas. Juégatela, e inventa algunas historias. En cuento mejores en el manejo del subtexto, descubrirás que las historias que inventas en situaciones como esta se volverán cada vez más y más certeras.

Moralejas:

- Ya hemos discutido sobre los valores e intenciones racionales que podría tener tu interlocutor. Este capítulo se concentra en los indicadores emocionales que podemos aprovechar para analizar a las personas, y al combinarlos, seremos capaces de predecir y entender con mayor exactitud tanto los estados racionales como los emocionales.
- El primer paso para entender mejor las emociones de los demás es entender las propias. Esto ocurre a través de la inteligencia emocional, y la concepción de Daniel Goleman sobre la misma consiste de autoconciencia (lo que siento y por qué lo siento), autorregulación

(cómo puedo expresar mis emociones de forma segura y aprender de las mismas), automotivación (¿qué me hace feliz, y cómo puedo lograrlo?), y aptitud social (¿Qué siente la otra persona, y por qué?). Todo el proceso comienza por entenderte a ti mismo y percatarte de que todos los demás poseen la misma cantidad de ideas subyacentes e inconscientes que dictan sus emociones y acciones. Es una forma de pensar que debe ser entrenada y que te permite obtener una considerable cantidad de información de una breve interacción.

- De la misma forma, debemos aprender a entender mejor los indicadores subtextuales. Esto se encuentra relacionado al elemento de la aptitud social dentro del ámbito de la inteligencia emocional. Debemos darnos cuenta que la mayor parte de la comunicación es implícita, y aun así, la mayoría de nosotros se limita a responder a la parte explícita de la misma. Esto significa que suele escapársenos el verdadero significado de las palabras y acciones de nuestro interlocutor. La forma más sencilla de adoptar esta particular forma de pensar es planteándonos: *¿Por qué la otra persona dijo eso? ¿Qué siente, y qué significado podría tener?*

Resumen

CAPÍTULO 1. UNA BOCA, DOS OÍDOS

- Todos tenemos dos oídos y una sola boca, ¿no es así? Esto implica que deberíamos escuchar el doble de lo que hablamos, pero la verdad es que esto va en contra de nuestro instinto natural. Estamos programados para expresarnos y hablar de temas personales, a tal punto que nos proporciona el mismo tipo de estimulación neurológica que las relaciones sexuales. De acuerdo, pero eso no significa que hablar por los codos resulte aceptable o provechoso para nuestras relaciones personales.

- Es hora de que veamos la capacidad de escuchar como el verdadero medio de alcanzar un beneficio mutuo para el desarrollo de una relación más íntima. Cuando escuchas, no solo aprendes información sobre tu interlocutor, sino que tú mismo te conviertes (aunque a algunos les parezca paradójico) en un interlocutor más carismático, interesante y divertido para los demás. Por lo tanto, si tu objetivo final es desarrollar todas estas cualidades, la escucha es la habilidad que debes perfeccionar. Es una habilidad simple, pero, sin lugar a dudas, nada fácil de dominar.

- La complejidad radica en los numerosos métodos que usamos inconscientemente para competir por el control de la conversación, convirtiéndonos así en narcisistas conversacionales. Esto puede resumirse pensando en una situación donde el interlocutor habla de tal manera que la situación se asemeja más a un monólogo que a un diálogo. Una de las formas más sutiles en las que pueden presentarse estos obstáculos es mediante las respuestas de apoyo y las respuestas de cambio, donde lo que transmites a tu interlocutor puede depender de una sola palabra. La moraleja final, sin embargo, es aceptar deshacerse de rasgos como el control, el orgullo y el ego, y seguirle la corriente a nuestro interlocutor.

- Un obstáculo más consciente que las personas enfrentan es la sensación de que su interlocutor es muy aburrido y no tiene nada interesante que decir; por lo tanto, escucharlo no vale la pena. Tras el simple hecho de haber leído el razonamiento anterior, deberías ser capaz de detectar algunas fallas en el mismo. Si crees que la mayoría de la gente con la que te cruzas es aburrida, es porque tú eres el aburrido. Estás permitiendo que los prejuicios dicten tus acciones y arruinen las interacciones. Por el contrario, créate la expectativa de que encontrarás algo grato y fascinante, y eso es justo lo que comenzará a ocurrir.

- Si quieres tener un modelo a seguir de cómo obtener información de las personas, no busques más: el anfitrión de un programa de entrevistas nocturno es justo lo que necesitas. Su única tarea es hacer que una celebridad, que por lo general no es más divertida que tú o que yo, parezca de lo más encantadora e inteligente. Tal labor puede llegar a ser complicada. Piensa en la energía, concentración, atención y habilidad de escucha que el anfitrión emplea para lograr su cometido. Esa es la puerta que nos abre el dominio de esta habilidad.

CAPÍTULO 2. ESTILOS, MARCOS Y NIVELES

- Supongamos que estás aprendiendo a tocar la guitarra. Eres diestro, pero por accidente compraste una guitarra para zurdos. Tal incompatibilidad no es precisamente la receta del éxito. Esta es una buena analogía para los distintos tipos de escucha que existen. Tenemos que coincidir con el estilo de nuestro interlocutor si queremos tener una comunicación exitosa.

- Aunque podría decirse que existen innumerables estilos de escucha, resulta útil pensar en términos de cuatro estilos principales: centrado en las personas (emociones), el contenido (información), la acción (tareas a realizar) y el tiempo (duración y frecuencia). Para nuestros objetivos, nos interesa reconocer cuál es nuestra tendencia natural, y posteriormente intentar orientarnos hacia el estilo centrado en las personas/emociones. Esto se debe a que cuando las personas se comunican, aparte de dar una orden u organizar un viaje, lo hacen para expresar una emoción. ¡Descubre cuál es! Otra forma de describir los estilos de escucha es pensando en términos de cabeza, corazón y manos. La "cabeza" gira en torno a pensar y planificar, las "manos" en torno a los procedimientos y acciones, y el "corazón", pues, gira en torno a las emociones y el bienestar de las personas. Tal como se mencionó anteriormente, debes reconocer tu estilo actual y determinar cómo orientarlo hacia uno que esté más centrado en las personas, las emociones y el corazón.

- Los marcos conversacionales son una forma distinta de imaginar los estilos de escucha. Los marcos son mucho más fluidos, y no te exigen más que tomar en cuenta los objetivos o propósitos generales que una persona tiene para entablar una conversación. ¿Cuáles son los suyos? ¿Cuáles son los tuyos? ¿Resultan compatibles entre sí? Si no, utiliza tus nuevos conocimientos y haz que lo sean. Una forma sencilla de describir los marcos conversacionales es imaginando una obra de teatro. Todos los actores están en sintonía, trabajando con el mismo objetivo e intentando transmitir un beneficio emocional. ¿Qué ocurre si uno de los actores quiere improvisar un poco y hablar largo y tendido sobre el amor que su personaje siente hacia el mar? Nada bueno.

- Por último, llegamos a los niveles de escucha. A diferencia de los marcos y estilos, algunos de estos niveles de escucha no tienen nada positivo. Los niveles son: ignorar, escucha fingida, escucha selectiva, escucha atenta y escucha empática. Los dos primeros niveles no son muy útiles, y es solo al alcanzar el último nivel de escucha empática que logramos dejar de lado nuestros intereses personales y comenzamos a escuchar para entender, en lugar de escuchar para responder. Muchos no logramos ir más allá de los primeros tres o cuatro niveles en la mayoría de nuestras interacciones cotidianas.

CAPÍTULO 3. LA ARDUA LABOR DEL OYENTE

- Escuchar no es una actividad pasiva en lo más mínimo. Bueno, podría serlo, pero eso no haría más que implicar que no lo estás haciendo bien. Podría decirse que la escucha atenta y genuina es un acto extremadamente activo, ¡a tal punto que resulta agotador para el oyente! ¿Sorprendido? Esto se debe a que el propósito de la escucha atenta y genuina es *llegar a un destino* con tu interlocutor, y esto implica descifrar, en primer lugar, hacia donde se dirigen. Es una labor que requiere de mucha comprensión, aclaración y resolución de pequeños misterios. Se parece un poco a la labor del terapeuta, la cual consiste en descifrar emociones y situaciones.

- Con este propósito en mente, llegamos al

concepto de la escucha activa. Es una forma de participar en las conversaciones mientras ocupamos el papel de oyente. La mayoría podría pensar que esto no implica más que guardar silencio, pero estarían cometiendo un error. En este libro, se explican nueve tipos de respuestas en el ámbito de la escucha activa, las cuales deben ser empleadas al intentar establecer una conexión íntima con nuestro interlocutor: comprender, retener, responder, parafrasear, reflejar, identificar emociones, indagar con preguntas que fomenten la conversación, y guardar silencio. El siguiente nivel de la escucha activa podría denominarse "reflexión empática", y es aquí donde el oyente se concentra en el ámbito emocional, a tal punto que intenta predecir lo que el hablante está sintiendo, y lo comparte con él.

CAPÍTULO 4. RECONOCIENDO Y COMPRENDIENDO AL HABLANTE

- Adéntrate en el mundo de tu interlocutor; el mundo que él mismo ha creado, no el que tú estás creando a su alrededor. La validación es, en cierto sentido, un arte que se ha perdido. La validación es la acción de reconocer y respetar las intenciones y emociones de nuestro interlocutor. Cuando validamos, expresamos que la experiencia, ideas, emociones, perspectiva y la propia existencia del interlocutor son válidas, lógicas y comprensibles.

- Puede tratarse de un acto tan sencillo como asentir, pero sirve al noble objetivo de lograr que tu interlocutor se sienta emocionalmente escuchado y satisfecho. En el nivel más elemental, consiste en identificar las emociones de tu interlocutor y, posteriormente, justificarlas. Tu primera acción como detective es entender la emoción involucrada, y luego hacerle saber al interlocutor que su experiencia emocional resulta completamente razonable. Las emociones nunca son muy lógicas, pero siempre son reales.

- Muchas veces, cuando intentamos validar las emociones de alguien, terminamos empeorando la situación al usar afirmaciones invalidantes. Estas son afirmaciones que desestiman o minimizan los sentimientos de nuestro interlocutor, tales como "Oh, todo va a estar bien" o "¡No deberías sentirte así!". Son frases casi normativas y que intentan convencer al interlocutor de ver el lado positivo, pero eso no es lo que necesita en un momento así.

- Un proceso útil de validación en seis pasos sería el siguiente: estar presente, reflejar las emociones con exactitud, suponer lo que está sintiendo el hablante, entender las emociones a partir del contexto, validar las emociones, y, por último, ser honesto. No siempre es necesario, o incluso posible, emplear todos y cada uno de estos pasos, pero vale la pena avanzar entre ellos de forma progresiva, tomando en cuenta el contexto, tu posición y lo que tu interlocutor más necesita de la conversación.

- Podemos estar presentes al dejar de lado las distracciones, escuchar con atención y guardar silencio. Podemos reflejar las emociones al parafrasear, imitar el tono de voz, la postura o el lenguaje, o incluso haciendo preguntas para obtener más información. Podemos suponer cuál es la emoción presente ofreciendo sugerencias provisionales de cómo se siente nuestro interlocutor y observando su reacción ante la conjetura. Posteriormente, podemos validar dichas emociones mediante afirmaciones que ratifiquen su normalidad y racionalidad. Por último, podemos demostrar una compasión genuina al revelar un poco de información personal y mostrarnos sinceros, para así fomentar la confianza e intimidad.

CAPÍTULO 5. LEER Y ANALIZAR

- Ya hemos discutido sobre los valores e intenciones racionales que podría tener tu interlocutor. Este capítulo se concentra en los indicadores emocionales que podemos aprovechar para analizar a las personas, y al combinarlos, seremos capaces de predecir y entender con mayor exactitud tanto los estados racionales como los emocionales.

- El primer paso para entender mejor las emociones de los demás es entender las propias. Esto ocurre a través de la inteligencia emocional, y la concepción de Daniel Goleman sobre la misma consiste de autoconciencia (lo que siento y por qué lo siento), autorregulación (cómo puedo expresar mis emociones de forma segura y aprender de las mismas), automotivación (¿qué me hace feliz, y cómo puedo lograrlo?), y aptitud social (¿Qué siente la otra persona, y por qué?). Todo el proceso comienza por entenderte a ti mismo y percatarte de que todos los demás poseen la misma cantidad de ideas subyacentes e inconscientes que dictan sus emociones y acciones. Es una forma de pensar que debe ser entrenada y que te permite obtener una considerable cantidad de información de una breve interacción.

- De la misma forma, debemos aprender a entender mejor los indicadores subtextuales. Esto se encuentra relacionado al elemento de la aptitud social dentro del ámbito de la inteligencia emocional. Debemos darnos cuenta que la mayor parte de la comunicación es implícita, y aun así, la mayoría de nosotros se limita a responder a la parte explícita de la misma. Esto significa que suele escapársenos el verdadero significado de las palabras y acciones de nuestro interlocutor. La forma más sencilla de adoptar esta particular forma de pensar es planteándonos: *¿Por qué la otra persona dijo eso? ¿Qué siente, y qué significado podría tener?*

www.ingramcontent.com/pod-product-compliance
Lightning Source LLC
Chambersburg PA
CBHW071233070526
44583CB00017B/2163